HISTÓRIA OCUPACIONAL

Uma Construção Sociotécnica e Ética

MÔSIRIS ROBERTO GIOVANINI PEREIRA
Médico
Especialista em Medicina do Trabalho
Auditor-Fiscal do Trabalho
Professor da Escola Técnica da UFRGS

HISTÓRIA OCUPACIONAL

Uma Construção Sociotécnica e Ética

EDITORA
LTr
SÃO PAULO

Dados Internacionais de Catalogação na Publicação (CIP)
(Câmara Brasileira do Livro, SP, Brasil)

Pereira, Môsiris Roberto Giovanini
História ocupacional : uma construção sociotécnica e ética / Môsiris Roberto Giovanini Pereira. — São Paulo : LTr, 2004.

ISBN 85-361-0594-1

1. História ocupacional 2. Medicina do trabalho I. Título.

04-5709 CDU-34:331.115.6

Índice para catálogo sistemático:

1. História ocupacional : Direito do trabalho 34:331.115.6

(Cód. 3006.3)

LTr®

EDITORA LTDA.

Rua Apa, 165 - CEP 01201-904 - Fone (11) 3826-2788 - Fax (11) 3826-9180
São Paulo, SP - Brasil - www.ltr.com.br

Fevereiro, 2005

Aos meus queridos pais, familiares e amigos que, na caminhada da vida, indicaram-me o caminho.
À Denise, Juliana e Camila que me ofereceram o estímulo e o carinho para essa jornada.

SUMÁRIO

PARTE III — CONSTRUINDO A HISTÓRIA OCUPACIONAL: UM PROCESSO SOCIOTÉCNICO E ÉTICO

SIGLAS E ABREVIATURAS

ACGIH — American Conference of Governmental Industrial Hygienists
AMB-TÉRM. — Ambiente Térmico
AT — Acidente do Trabalho
BEI — Índice Biológico de Exposição
CA — Certificado de Aprovação de um equipamento de proteção individual
CAT — Comunicação de Acidente de Trabalho
CIPA — Comissão Interna de Prevenção de Acidentes
CNAE — Classificação Nacional de Atividades Econômicas
DSST — Departamento de Segurança e Saúde no Trabalho
EPI — Equipamento de Proteção Individual
EPR — Equipamento de Proteção Respiratória
GIR — Grave e Iminente Risco
GTB — Grupo de Trabalhadores do Benzeno
HC — História Clínica
HCF — História Clínica e Familiar
HIST. OTOL. — História Otológica
HO — História Ocupacional
IBUTG — Índice de Bulbo-Úmido Termômetro de Globo
IBMT — Índice Biológico Máximo Permitido
IN — Instrução Normativa
LEO — Levantamento de Exposição Ocupacional
LT — Limite de Tolerância
LTB — Limite de Tolerância Biológica
MPC — Medidas de Proteção Coletivas
MPI — Medidas de Proteção Individuais
MTE — Ministério do Trabalho e Emprego
NA — Nível de Audição
NIOSH — National Institute for Occupational Safety and Health
NR — Norma Regulamentadora do Ministério do Trabalho e Emprego
NRR — Norma Regulamentadora Rural
OIT — Organização Internacional do Trabalho
OMS — Organização Mundial da Saúde
OT — Organização do Trabalho
OTOSC. — Otoscopia
OSHA — Occupational Safety and Health Administration
PAINPSE — Perda Auditiva Induzida por Níveis de Pressão Sonora Elevados

PAIR — Perda Auditiva Induzida pelo Ruído
PAT — Programa de Alimentação do Trabalhador
PCA — Programa de Conservação Auditiva
PCMAT — Programa de Condições e Meio Ambiente de Trabalho na Indústria da Construção
PCMSO — Programa de Controle Médico de Saúde Ocupacional
PPB — Partes por bilhão
PPM — Partes por milhão
PPP — Perfil Profissiográfico Previdenciário
PPPA — Programa de Prevenção de Perdas Auditivas
PPEOB — Programa de Prevenção da Exposição Ocupacional ao Benzeno
PPRA — Programa de Prevenção de Riscos Ambientais
PPR — Programa de Proteção Respiratória
PT — Processo de Trabalho
RT — Regime de Trabalho
SESMT — Serviço Especializado em Engenharia de Segurança e Medicina do Trabalho
SST — Segurança e Saúde no Trabalho
TLV — Valor Limite de Exposição

LISTA DE FIGURAS

LISTA DE QUADROS

PREFÁCIO

Em primeiro lugar, gostaria de parabenizar o Autor desta obra, que ressalta a importância e esclarece aspectos metodológicos da história ocupacional, elemento indispensável para uma melhor compreensão das relações entre trabalho e saúde. Sinto-me honrada em prefaciar uma obra que visa contribuir para vencer um dos inúmeros obstáculos para a proteção da saúde dos trabalhadores, que é a subestimação da magnitude do problema das doenças ocupacionais.

Os trabalhadores são a força motora do desenvolvimento econômico das nações, o que infelizmente nem sempre é alcançado dentro dum contexto de justiça social. Situações inaceitáveis ocorrem freqüentemente, colocando em perigo o bem-estar, a saúde e mesmo a vida dos trabalhadores, quando da exposição a fatores de risco, sejam de natureza química, física, biológica, ergonômica ou psicossocial.

Entretanto, existem conhecimentos científicos e técnicos que podem evitar tais situações e prevenir as doenças ocupacionais. Por que estes conhecimentos não são universalmente aplicados em ações preventivas eficazes? Entre os muitos obstáculos, encontra-se uma falta de vontade política, por parte dos tomadores de decisão em diferentes níveis (governo, empresários, trabalhadores) para agirem com maior energia e presteza neste sentido. Um fator que muito contribui para esta falta de vontade política é certamente o conhecimento limitado quanto à real magnitude desta problemática.

Existem muitas deficiências quanto ao estabelecimento do nexo causal entre exposição a fatores de risco nos ambientes de trabalho e prejuízos para a saúde dos trabalhadores. As doenças ocupacionais são extremamente subdiagnosticadas e subnotificadas, devido a muitas razões, por exemplo, períodos de latência muitas vezes longos, possibilidade de confusão com doenças não ocupacionais, etiologia multifatorial, falta de conhecimento dos fatores de risco por parte de muitos profissionais da saúde, falta de história ocupacional bem feita. Infelizmente, como bem lembra o Autor, nem todos os médicos fazem, na anamnese, a pergunta que *Ramazzini* recomendou há 300 anos, ou seja, "Qual é sua ocupação?"

A história ocupacional, se bem feita e bem utilizada, pode ter grande impacto; além de ser indispensável para desvendar o *porquê* de problemas de saúde física e mental dos trabalhadores, tem uma função educativa e de conscientização. É importante ter em mente que a história ocupacional pode e deve ser utilizada para justificar, motivar e desencadear o processo de prevenção, por meio de intervenções visando à eliminação ou controle dos inúmeros fatores de risco porventura existentes no local de trabalho. O ideal é agir antecipadamente, evitando a exposição a fatores ocupacionais de risco antes que ocorra qualquer dano, mas é difícil motivar os tomadores de decisão a promoverem este tipo de ação se a magnitude do problema e o custo de suas conseqüências, tanto humano como material, não forem conhecidos.

Apesar de ser responsabilidade do médico do trabalho, o estabelecimento do nexo causal requer, como bem lembra o Autor desta obra, um trabalho multidisciplinar envolvendo várias profissões e ciências, tais como medicina e enfermagem do trabalho, higiene ocupacional, toxicologia, epidemiologia, ergonomia, psicologia do trabalho, entre muitas outras. A caracterização tanto dos efeitos sobre a saúde como de seus agentes etiológicos requer competências específicas, que devem complementar-se num trabalho bem integrado e coerente a fim de permitir uma explicação clara, baseada em conclusões cientificamente válidas.

A leitura desta obra será de grande valor para os profissionais de saúde ocupacional no Brasil, pois promove um instrumento que muito pode contribuir para a proteção de nossos trabalhadores.

Berenice Isabel Ferrari Goelzer
Engenheira e Higienista Ocupacional

APRESENTAÇÃO

Este livro insere-se no campo da saúde do trabalhador e visa a contribuir para a percepção e para a compreensão das contínuas mudanças do mundo do trabalho e de seus reflexos sobre a saúde e a vida dos trabalhadores.

O diálogo cotidiano e o contato profissional com Trabalhadores, Empregadores, Sindicalistas, Procuradores do Trabalho, Advogados, Engenheiros, Arquitetos e com várias gerações de Alunos em cursos de Controle e Monitoramento Ambiental e de Técnicos em Segurança do Trabalho, bem como a prática docente em cursos de Especialização em Engenharia de Segurança do Trabalho, em Medicina do Trabalho e em Enfermagem do Trabalho, bem como em Toxicologia Aplicada, resultou numa chamada de emergência para oferecer uma intervenção imediata: auxiliar a construção da história de vida no trabalho — a história ocupacional — uma importante tarefa que ajudasse a preencher uma lacuna existente em fichas e prontuários elaborados pelos próprios profissionais da saúde. A todos referencio meus agradecimentos.

A tentativa de aproveitar a experiência profissional aliada às sugestões de alunos e profissionais da área de saúde e segurança no trabalho, resultou não apenas na descrição de questões técnicas implicadas na construção da história ocupacional dos trabalhadores, mas, acima de tudo, na abordagem das questões sociais e éticas vinculadas com esse instigante processo de construção.

A elaboração da história ocupacional, como fruto do diálogo com os trabalhadores, suscitará, então, o respeito ao indivíduo, à sociedade e às instituições que legitimam o direito a um trabalho seguro e saudável. Quando o exercício do trabalho é suspeito de ser agressivo à saúde ou, efetivamente, quando acrescenta fatores de risco reconhecidamente nocivos à saúde, cabe aos profissionais da saúde documentar, registrar, zelar, proteger, dar encaminhamento, propor e mobilizar soluções para a intervenção eficaz. Para esse desiderato, nenhum instrumento, isoladamente, supera a história ocupacional.

Nossa caminhada para a elaboração desse livro contou com o apoio irrestrito de vários amigos e colaboradores: agradeço aos amigos da Escola Técnica da UFRGS, em especial à Diretora, Profª Liana Yara Richter, à Profª Jane Caon, à Profª Rejane Mattos, ao Prof. Cláudio Alberto Hanssen, à Sra. Shirley Rocha, à bibliotecária Sra. Ana Cristina de Freitas Griebler, ao Sr. Jéferson Luis de Souza Dias e ao Sr. Francisco Paulo Garcia Dutra e ao Prof. Dr. Nelson Machado do Centro de Ecologia da UFRGS.

Sou grato, também, ao Prof. Gilberto Ferreira Fossati da Fundação Faculdade Federal de Ciências Médicas de Porto Alegre, ao Prof. Gerson Fossati da Associação Brasileira para o Desenvolvimento do Sistema de Saúde, ao Prof. Leopoldo Radavelli da Associação Cristã de Moços e ao Prof. Mário Artigas Araújo Caballero da ACM, ao Engº de Segurança do Trabalho Prof. Msc. Rudolf Nielsen, do Centro Gaúcho de Higiene Ocupacional e ao Prof. Dr. Alwin W. Elbern do Departamento de Engenharia Nuclear da UFRGS.

Menção especial de agradecimentos ao Centro de Documentação, Pesquisa e Formação em Saúde e Trabalho — CEDOP/ UFRGS e a sua equipe docente, e ao Prof. Dr. Álvaro Roberto Crespo Merlo, ao Prof. Dr. Paulo Antônio Barros Oliveira e à Profª Dra. Maria Inês Reinert Azambuja, à Sra. Vera Maria da Silva Cavalheiro e à bibliotecária Sra. Mara Lúcia Araújo Meireles.

Agradeço, também, ao Prof. Dr. Ronaldo Bordin, do Departamento de Medicina Social da UFRGS, aos Professores do programa de pós-graduação em Epidemiologia da UFRGS, à Profª Msc. Flavia Valladão Thiesen e à Profª Dra. Rosane Maria Salvi, ambas do Centro de Toxicologia da PUCRS.

De maneira muito especial, quero agradecer e reverenciar a contínua e inestimável contribuição e a troca de informações com meus amigos e "mestres" que muito me auxiliaram e persistem incentivando minha formação profissional: o Engenheiro de Segurança do Trabalho Prof. Msc. Roque Luís Mion Puiatti, a Educadora Profª Maria Muccillo, Tecnologista da FUNDACENTRO/RS e a Engenheira Civil e Master em Saúde Pública e Higiene Industrial Profª Berenice I. Ferrari Goelzer da OMS/Genebra.

À prestimosa equipe do Setor de Comutação Bibliográfica da Biblioteca Central da UFRGS, meus profundos agradecimentos.

À Dra. Ana Maria Carnevali Delbin e ao Dr. Jurandy da Silva do Centro Educacional São Camilo/RS meus agradecimentos.

Agradeço igualmente ao Dr. Flávio José M. Job, do CREMERS, e aos ilustres Médicos do Trabalho, Drs. Oscar José Vicente Rodarte (RJ) e Marcos Toledo (MG). Ao Dr. Cláudio José Allgayer, ao Dr.

Marco Aurélio Goldenfum e à Arquiteta Tânia Stasiak Wilhems, Professores da Escola Superior de Gestão e Ciências da Saúde/IAHCS, meus agradecimentos.

Ao agradecer o apoio dos Auditores-Fiscais do Trabalho Dra. Maria Machado Silveira, atual Chefe da SEGUR da DRT/R, Engª Luisa Tânia Elesbão Rodrigues, Engº Daltro Souza D'Arisbo e Engº Marcelo Guimarães Ferreira, quero estender meus agradecimentos a todos os Auditores Fiscais do Trabalho, ativos e inativos, do Estado do Rio Grande do Sul.

Este livro é dedicado, prioritariamente, a todos os estudantes e aos profissionais da área da saúde, entre tantos outros que, em algum momento de seu labor, se deparam com um(a) trabalhador(a) em uma dada situação de trabalho que possa suscitar riscos ambientais e ocupacionais. Desse encontro de consciências, a construção da história ocupacional registrará a exposição aos fatores de risco e seus determinantes, bem como possibilitará a inferência causal a partir da vinculação com os sinais, sintomas e desconfortos referidos.

As sugestões e críticas dos caros leitores serão bem recebidas.

Môsiris Roberto Giovanini Pereira

INTRODUÇÃO

Os indicadores de morbimortalidade da população trabalhadora brasileira induzem à indagação de que se faz necessária substancial melhoria nos sistemas de informação, notificação, registro e comunicação dos agravos à saúde — os acidentes de trabalho e as doenças profissionais e do trabalho. Para o campo da saúde coletiva, uma das estratégias possíveis para melhoria desse processo de elaboração de informações, tendo em vista a subseqüente realização de um diagnóstico e a tomada de decisão, seu corolário, é a utilização rotineira e sistemática de uma ferramenta de trabalho indispensável: a história ocupacional.

Freqüentemente negligenciada pelos profissionais da saúde, a construção de uma história ocupacional detalhada pode oferecer uma alternativa privilegiada para a compreensão do mundo do trabalho, das inovações tecnológicas e de suas repercussões sobre a saúde dos trabalhadores.

O projeto que deu origem a este livro está alicerçado em três objetivos fundamentais:

1) despertar e suscitar aos profissionais da saúde a *elaboração sistemática* da anamnese ou história ocupacional, como complemento à história clínica e social dos trabalhadores;

2) destacar a importância da história ocupacional — a história de vida no trabalho — como elemento primordial para a *compreensão do processo saúde-doença* e para o estabelecimento do *nexo causal* entre as exposições ocupacionais e seus respectivos efeitos à saúde e à qualidade de vida dos trabalhadores; e

3) revitalizar a necessidade de *intervenções* nos ambientes e nos locais de trabalho, nos processos e na organização do trabalho, a fim de garantir condições favoráveis para a promoção e proteção da saúde dos trabalhadores.

O livro está organizado em três partes e oito capítulos.

Na primeira parte, a história ocupacional é destacada como instrumento para desatar o nó górdio, ou seja, para desamarrar os entraves, os nós críticos que omitem ou dificultam o reconhecimento das repercussões do trabalho sobre a saúde dos trabalhadores.

No primeiro capítulo examinamos a importância e os objetivos da história ocupacional e, no segundo, são referenciadas as bases legais que dão sustentação à construção da história ocupacional.

Na segunda parte, apresentamos as contribuições da história ocupacional para o estabelecimento do nexo entre a doença e o trabalho, enfatizando que é a partir da compreensão dos determinantes políticos e socioeconômicos que, em última análise, serão reconhecidos os fatores de risco ambientais e ocupacionais.

São temas do terceiro capítulo quadros, figuras e informações que objetivam estudar e comparar acidentes de trabalho com doenças profissionais e do trabalho, as articulações do Programa de Controle Médico de Saúde Ocupacional com o Programa de Prevenção de Riscos Ambientais, as causas que contribuem para a subnotificação das doenças ocupacionais e os níveis de prevenção aplicados ao campo da saúde do trabalhador, baseados na diretriz da Organização Mundial da Saúde.

No quarto capítulo são apresentadas as bases para o estabelecimento do nexo causal, as variáveis implicadas na percepção dos fatores de risco de natureza física, química, biológica, ergonômica e psicológica presentes nas atividades executadas pelos trabalhadores, o estudo comparativo entre o monitoramento ambiental e o monitoramento biológico e a apresentação de diagramas de causa e efeito para auxiliar a elaboração do nexo causal entre o trabalho e o adoecimento. Na discussão, são comentadas as sutilezas para a afirmação ou negação do nexo causal, especialmente quanto às perdas auditivas ocupacionais.

O quinto capítulo é ilustrado com um exemplo clássico de estudo de caso de origem ocupacional, acentuando a importância da participação dos profissionais da saúde e dos trabalhadores no processo de investigação da doença que pode estar relacionada ao trabalho, no debate e na disseminação da informação. Um segundo exemplo, num cenário didaticamente construído, menciona os passos essenciais para a investigação da exposição a fatores de risco e para a consolidação do diagnóstico de doença relacionada ao trabalho.

A terceira parte do livro incorpora os capítulos sexto, sétimo e oitavo, e examina a construção da história ocupacional como processo sociotécnico e ético.

No sexto capítulo, enfatiza-se a arte da entrevista, o processo de comunicação e a utilização de questionários auto-administrados para a elaboração da história.

No sétimo capítulo, como instrumento a serviço da prevenção primária, secundária ou terciária, a história ocupacional é examinada especialmente como instrumento de rastreamento, tendo a capacidade de suscitar intervenções primárias e de contribuir para a detecção precoce de agravos à saúde e para a remoção dos fatores de risco laborais.

No último capítulo, são apresentados elementos dinâmicos que integram o cenário do mundo do trabalho, tendo como alvo o primado do trabalho, base da ordem social, conforme preceitua nossa Constituição Federal, que possibilitam recuperar a história ocupacional e suas interfaces, e são comentados vários modelos de questionários para a elaboração de uma história ocupacional detalhada, partindo das idéias do cirurgião Sayers (1934) e passando por vários autores que consagraram seus questionários como instrumentos de alta relevância no campo da saúde do trabalhador, quer individualmente, quer coletivamente, através da abordagem epidemiológica. São lembrados as obrigações éticas e legais e os estudos que contribuem para validar e consolidar a história ocupacional.

Por derradeiro, tenta-se contribuir para estimular o leitor a ousar e dar o primeiro passo: começar a construir sistematicamente a história ocupacional.

PARTE I

A HISTÓRIA OCUPACIONAL COMO INSTRUMENTO PARA DESATAR O NÓ GÓRDIO

CAPÍTULO 1

A IMPORTÂNCIA E OS OBJETIVOS DA HISTÓRIA OCUPACIONAL

Nenhum problema tem solução. Nenhum de nós desata o nó górdio; todos nós ou desistimos ou o cortamos. Resolvemos bruscamente, com o sentimento, os problemas da inteligência, e fazemo-lo ou por cansaço de pensar, ou por timidez de tirar conclusões, ou pela necessidade absurda de encontrar um apoio, ou pelo impulso gregário de regressar aos outros e à vida. Como nunca podemos conhecer todos os elementos de uma questão, nunca a podemos resolver

Para atingir a verdade faltam-nos dados que bastem, e processos intelectuais que esgotem a interpretação desses dados. (Pessoa, *1999, p. 310)*

A atenção à saúde dos trabalhadores é um campo de múltiplos desafios, não apenas aos profissionais da saúde, mas a todos os indivíduos que se interessam pelo atendimento ou assistência à população trabalhadora.

Consideramos que uma das mais instigantes provocações nesse campo é a *construção de uma história ocupacional efetiva*, marco inicial para o estudo e a compreensão das relações entre o trabalho e o processo saúde-doença dos trabalhadores. A elaboração da história ocupacional fornece visibilidade e transparência a importantes fatores ou condições de risco ocupacional que, de alguma maneira, podem contribuir para desvendar a causalidade das doenças relacionadas ao trabalho e dos acidentes de trabalho.

A anamnese (do grego, *anamnesis*) etimologicamente significa reminiscência, recordação. Na medicina, a anamnese é a informação acerca do princípio e evolução de uma doença até a primeira observação do médico. É o relato dos padecimentos feito pelo doente à cordialidade inquisidora do médico (*Miguel Torga*, Diário, IX, pp. 55-56, *apud Ferreira*, 1975, p. 92). Segundo *Houaiss* (2001), a anamnese é o histórico que vai desde os sintomas iniciais até o momento da observação clínica, realizado com base nas lembranças do paciente, contrapondo à catamnese que se refere ao registro da evolução de um paciente desde que contraiu uma doença ou após ter feito exames clínicos.

Anamnese ocupacional, também designada história ocupacional, é o registro da história de vida no trabalho. É a obtenção e o registro da história laborativa do trabalhador. É a história profissional ou anamnese profissional.

Nesse contexto, a omissão ou negligência da história ocupacional que, de fato, freqüentemente ocorre, vem consolidando uma enorme dívida aos trabalhadores: a falta de reconhecimento do nexo causal entre o trabalho e a doença ou acidente que assola o trabalhador. Um dos fatores sempre citados como relacionado a esta ocorrência, como afirma *Almeida* (1998) é a não-realização, pelos médicos, da anamnese ocupacional como parte da abordagem rotineira dos seus pacientes. Essa lacuna acarreta prejuízos materiais e danos morais que não vêm sendo ressarcidos aos trabalhadores ou a seus dependentes, além de obstaculizar a adoção de medidas de prevenção para que outros trabalhadores não venham a sofrer os mesmos infortúnios, onerando, por extensão, toda a sociedade.

Inquieta-nos a precária notificação de doenças relacionadas ao trabalho no Brasil, a partir da manutenção de nós críticos inerentes à formação acadêmica dos profissionais da saúde, à qualidade de programas de saúde ocupacional previstos em normas legais, à aplicação de critérios para reconhecimento técnico do nexo causal e à ética profissional dos que prestam assistência e atenção à saúde dos trabalhadores.

Goelzer (1999), renomada higienista ocupacional, afirma que na América Latina estima-se que apenas cerca de 1% a 4% das doenças ocupacionais são notificadas.

Como um processo de construção sociotécnico e ético, a anamnese ocupacional é uma ferramenta de grande valia para *desatar esses nós críticos*, permitindo o início da inferência causal a partir do levantamento de exposições ocupacionais a fatores ou condições de risco determinados pela organização e pelo processo de trabalho.

Desatar o nó górdio significa vencer um empecilho aparentemente insuperável: viabilizar o reconhecimento das doenças relacionadas ao trabalho com o auxílio de um instrumento essencial denominado história ocupacional, melhorando a qualidade e a competência clínica.

Como processo de comunicação, também na entrevista ocupacional as palavras continuam exercendo um papel essencial (*Bird*, 1978), pois o emprego das palavras ainda é a principal técnica de diagnóstico e, para muitas situações, a mais eficaz terapia.

Como processo de construção social, a história ocupacional auxilia a *desatar o nó górdio* representado pela *exclusão do trabalho como agente desencadeador ou agravador do infortúnio*, permitindo dar visibilidade aos acidentes de trabalho e às doenças profissionais ou do trabalho e as suas conseqüências sociais e econômicas e reafirmando que o trabalho é importante fortalecedor do vínculo social do trabalhador (*Mendes, J.*, 2003).

Como processo técnico, a história ocupacional requer competências e habilidades que há mais de trezentos anos foram utilizadas por *Bernardino Ramazzini*, médico italiano conhecido como o Pai da Medicina do Trabalho, quando sugeriu que, em acréscimo às perguntas recomendadas por Hipócrates, o médico deveria formular ao paciente mais uma, a saber: *qual era a sua ocupação* (*Waldron*, 1983).

Ao descrever as doenças dos trabalhadores, "a contribuição metodológica de *Ramazzini* e a sistematização e classificação das doenças segundo a natureza e o grau de nexo com o trabalho deixaram importante legado aos profissionais da saúde" (*Mendes, R.*, 2003, pp. 9-12).

Como processo ético, a elaboração da anamnese ou história ocupacional torna-se imperativa a todos os profissionais da saúde.

O Ministério da Saúde, em recente publicação, lembra que, apesar da importância da abordagem multiprofissional para a atenção à saúde do trabalhador, o estabelecimento da relação causal ou nexo técnico entre a doença e o trabalho é de responsabilidade do médico, que deverá estar capacitado para fazê-lo. Nesse sentido, a Resolução do Conselho Federal de Medicina n. 1.488, de 1998 estabelece que além do exame clínico e exames complementares, quando necessário, o médico deve considerar a história clínica e ocupacional (Ministério da Saúde do Brasil, 2001).

O Ministério do Trabalho e Emprego, através da Norma Regulamentadora n. 7, estabelece que a avaliação clínica abrange a anamnese ocupacional e exame físico e mental.

Como processo investigativo, a história ocupacional, na busca da informação para a ação oportuna, pode levar em consideração a referência aos chamados eventos-sentinela em saúde ocupacional, definidos por *Rutstein* e colaboradores, em 1983, como doença desnecessária, incapacidade desnecessária ou morte prematura (extemporânea), cuja ocorrência constitui um sinal de alerta de que a qualidade das medidas preventivas ou da atenção médica deve ser melhorada.

Seguindo essa perspectiva investigativa, a percepção de exposição a cargas de trabalho e riscos de acidentes explicitados pelos trabalhadores, conforme o trabalho de *Lima et al.* (1999) deverá oferecer ao profissional da saúde relevante informação para o desencadeamento de ações de promoção e proteção da saúde.

Dessa forma, a construção da história ocupacional se apresenta como uma ferramenta essencial para vencer um desafio, um desassossego, e para saldar uma dívida histórica: auxiliar a reconhecer o nexo entre o trabalho e o adoecimento dos trabalhadores.

Para o reconhecimento das doenças ocupacionais desencadeadas ou agravadas por níveis elevados de pressão sonora, a obtenção da história detalhada de exposição ao ruído é o passo mais importante na definição do diagnóstico da perda auditiva induzida pelo ruído, ou da sua exclusão (*Ferreira Jr.*, 1998).

A história de exposição ocupacional a solventes pode ser uma das peças mais importantes das informações no processo de avaliação e rastreamento de trabalhadores com queixas neuropsiquiátricas, tais como distúrbios da memória, dificuldade na concentração, alterações afetivas, fadiga, vertigem, diminuição da libido, distúrbios do sono, sintomas vegetativos como palpitações e aumento da sudorese (*Cullen* e *Rosenstock*, 1994). Nesse sentido, a história ocupacional pode ser utilizada como instrumento de rastreamento (*screening*), através do preenchimento de questionários de auto-avaliação, observados os critérios de validade, confiabilidade, sensibilidade, especificidade e valor preditivo. Cabe aqui ressaltar que muitos serviços de atendimento à saúde do trabalhador possuem seus próprios formulários e fornecem aos candidatos a emprego um questionário auto-administrado, os quais estão, por vezes, ultrapassados e não argúem sobre a história ocupacional pregressa, embora uma avaliação de risco de saúde, por ocasião do exame admissional, seja um aspecto constante da maioria das avaliações pré-admissionais.

Ao analisar essas situações, *Baker* e *Landrigan* (1990) afirmam que o subdiagnóstico das doenças ocupacionais reflete o fato de que a maioria dos médicos não está adequadamente treinada para suspeitar de que o trabalho é uma das causas da doença. Destacam, também, que em conseqüência de escasso treinamento, a maioria dos médicos não obtém, rotineiramente, histórias de exposição ocupacional de seus pacientes, indicando que *histórias ocupacionais adequadas são registradas em menos do que 10% dos prontuários médicos.*

Bernardino Ramazzini (1633-1714) em sua obra — *De Mortis Artificum Diatriba* — publicada em 1700, fez referência a doenças que ocorriam em mais de cinqüenta ocupações e uma das maiores contribuições foi sua proposição de que fosse incluída na anamnese ou história do paciente a pergunta: *E que arte exerce?* Equivale a indagar: Qual é a sua ocupação?

Essa questão, complementada com *a descrição do cotidiano do trabalho* atual e pregresso, com o auxílio de uma entrevista, e algumas vezes ampliada por um questionário, registra a história de vida no trabalho, permitindo a abordagem de uma instância social presidida pelo trabalho e que, como afirma *Seligmann-Silva* (1994), conforme a situação, tanto poderá fortalecer a saúde quanto levar a distúrbios que se expressam em manifestações psicossomáticas ou psiquiátricas, em caráter individual ou coletivo.

É válido referir, portanto, que a história ocupacional é o principal instrumento clínico para o diagnóstico da doença ocupacional (*Hamilton apud Baker* e *Landrigan*, 1990, p. 450).

OBJETIVOS DA HISTÓRIA OCUPACIONAL

Os profissionais que se dedicam ao campo da saúde do trabalhador vêm procurando, incessantemente, alimentar um sistema de informações fragmentado e incompleto. A notificação de todos os acidentes de trabalho e das doenças relacionadas ao trabalho, possibilita o diagnóstico dos agravos relacionados ao trabalho e, por conseqüência, subsidia o planejamento de ações, visando a prevenção desses agravos e a melhoria dos ambientes e das condições de trabalho. Na abordagem das ações de promoção, proteção e de vigilância em saúde do trabalhador, certamente deverá contribuir a construção de uma história ocupacional. Entre os seus *principais objetivos*, destacamos:

1. Estimar exposições ocupacionais aos fatores de risco de natureza física, química, biológica, ergonômica, psíquica e social, incluindo concentração ou intensidade do fator de risco, tempo de exposição diária, duração ou antigüidade e freqüência da exposição.

2. Identificar eventos-sentinela em saúde do trabalhador, ou seja, casos de doença ou incapacidade desnecessárias ou de morte extemporânea, no âmbito do trabalho.

3. Avaliar sintomas e sinais de doença e sua possível relação com o trabalho.

4. Discutir a variabilidade biológica, ou seja, as mudanças inter e intraindividuais decorrentes de exposição ocupacional a fatores ou condições de risco.

5. Compreender a percepção dos trabalhadores sobre os determinantes dos fatores de risco a que estão expostos e sobre os efeitos dessa exposição, bem como entender as estratégias coletivas de defesa empregadas pelo conjunto dos trabalhadores, além de vislumbrar a formação e a informação dos trabalhadores e a necessidade de fomentar a educação para a saúde.

6. Viabilizar a elaboração do nexo causal entre a exposição ocupacional e os efeitos à saúde do trabalhador.

7. Oportunizar o processo diagnóstico das doenças relacionadas ao trabalho, ou seja, reconhecer e incluir o processo de trabalho e a organização do trabalho como agentes determinantes de fatores de risco laborais.

8. Propor a intervenção nos ambientes, nos processos e na organização do trabalho, através da adoção de medidas de prevenção ou de controle que assegurem a qualidade de vida laboral e que impeçam que outros trabalhadores venham a desencadear os mesmos sintomas e tenham a sua saúde comprometida.

9. Cumprir dispositivo legal previsto na Norma Regulamentadora n. 7 da Portaria MTb n. 3.214, de 8 de junho de 1978, alterada pela Portaria n. 12/83 e pela Portaria n. 24/94, de 30.12.94 que instituiu o Programa de Controle Médico de Saúde Ocupacional — PCMSO.

10. Conhecer a coerência interna da empresa, ou seja, verificar se existem formulação e implementação de políticas relacionadas à saúde e segurança no trabalho, bem como a participação dos trabalhadores nessa etapa, comparando-se os objetivos programados com os resultados alcançados.

11. Compreender o processo de trabalho e a organização do trabalho,vale dizer, buscar informações sobre o objeto ou matéria-prima utilizada pela empresa, conhecer as tecnologias, máquinas, ferramentas, equipamentos de trabalho, conhecer as exigências das tarefas prescritas pela empresa e as ativi-

dades que realmente são executadas pelos trabalhadores, o volume de produção, descrever o sistema de gestão, o estilo de liderança, a duração da jornada de trabalho, o ritmo, as pausas, a cadência, os modos operatórios, a divisão do trabalho, a hierarquia, a rotatividade da mão-de-obra, a remuneração, entre outros itens.

12. Compreender as dimensões sociais do trabalho, mais amplas, abrangentes e transcendentais, que atuam na determinação dos fatores de risco condicionantes das doenças ocupacionais.

Para *Felton* (1980), o uso dos termos "tomar a história" é questionável, pois ele quase implica a remoção de algo pela força, como em "eu tomei uma história". O profissional da saúde obtém, adquire, desenvolve, constrói uma história, como um trabalho conjunto e respeitoso de ambos, o trabalhador e o seu entrevistador. Esse autor sumariza os objetivos da história ocupacional em:

1. Objetivos primários

Melhorar os cuidados médicos

Retorno do trabalhador ao seu emprego remunerado

2. Objetivos secundários

Identificar a correta etiologia da doença

Determinar os déficits anatômicos ou fisiológicos (funcionais)

Facilitar a formulação do diagnóstico

Instituir um plano adequado de tratamento

Corrigir o meio ambiente de trabalho perigoso

Deslocar o trabalhador para uma função alternativa

Remover os estressores físicos, químicos ou psicológicos

Proteger outros trabalhadores que ainda não manifestaram a doença

Estabelecer as bases referenciais do monitoramento biológico para uso em futuras comparações

Formular recomendações adequadas, caso indicadas, ao empregador, com relação à designação de cargo ou tarefa ao trabalhador

Iniciar precocemente as medidas de reabilitação e prevenção da incapacidade

Além dos profissionais da saúde, os engenheiros de segurança, técnicos de segurança do trabalho, peritos judiciais, administradores, ergonomistas, higienistas ocupacionais, sociólogos, policiais, advogados e os acadêmicos de áreas afins podem se deparar, a qualquer momento, com as dimensões técnicas, econômicas e sociais do trabalho e suas repercussões sobre a vida do trabalhador: alterações da saúde física, psíquica e social. Compreender o trabalho e explicar as relações entre condições de realização da produção e a saúde dos trabalhadores inclui, obrigatoriamente, o registro das verbalizações dos trabalhadores, com base na coleta da história ocupacional.

A figura 1 sugere um esquema das variáveis estudadas para a compreensão e avaliação da determinação dos riscos ocupacionais a partir da anamnese ou história ocupacional:

Figura 1: Esquema de variáveis abordadas a partir da história ocupacional

história ocupacional

⇓

processo de trabalho

⇓

organização do trabalho

⇓

fatores de risco

⇓

exposição ocupacional

⇓

dose externa
(monitoramento ambiental)

⇓

absorção

⇓

dose interna
(monitoramento biológico)

⇓

efeito ou resposta

CAPÍTULO 2

BASES LEGAIS: O PCMSO E A CONSTRUÇÃO DA HISTÓRIA OCUPACIONAL

"São direitos dos trabalhadores: redução dos riscos inerentes ao trabalho por meio de normas de saúde, higiene e segurança." (artigo 7º, XXII, da Constituição Federal de 1988)

A Norma Regulamentadora n. 7 — NR-7, intitulada Programa de Controle Médico de Saúde Ocupacional — PCMSO, aprovada pela Portaria SSST n. 24, de 29.12.94, publicada no Diário Oficial da União em 30.12.94 e alterada parcialmente pela Portaria SSST n. 8, de 8.5.96, publicada no DOU de 9.5.96 e republicada no DOU do dia 13.5.96, tendo como objetivo a promoção e preservação da saúde do conjunto de trabalhadores está respaldada pela Convenção n. 161 da Organização Internacional do Trabalho que trata dos Serviços de Saúde no Trabalho.

Como programa, deverá considerar questões incidentes sobre o indivíduo e a coletividade de trabalhadores, privilegiando o instrumental clínico-epidemiológico na abordagem da relação entre sua saúde e o trabalho. Na abordagem clínica, a Norma Regulamentadora n. 7 prevê a execução obrigatória de avaliações clínicas (admissional, periódica, demissional, por mudança de função e de retorno ao trabalho) devendo abranger a *anamnese ocupacional* e o exame físico e mental.

O quadro 1 esquematiza as avaliações clínicas, a solicitação de exames complementares do PCMSO e a história ocupacional, segundo a Norma Regulamentadora n. 7 do Ministério do Trabalho e Emprego:

Quadro 1: Avaliação clínica e exames complementares articulados com a história ocupacional e o PPRA

Avaliação clínica	admissional periódica demissional mudança de função retorno ao trabalho	anamnese ocupacional articulada com o PPRA — Programa de Prevenção de Riscos Ambientais
Solicitação de exames complementares	riscos ocupacionais específicos	anamnese ocupacional articulada com o PPRA

Dessa forma, respaldada pela legislação, a história ocupacional deveria ocupar lugar privilegiado nesses vários momentos da vida laboral do trabalhador, ficando indelevelmente registrada e arquivada, por ocasião dessas avaliações clínicas.

Inspirado em Monson (1990) e tendo como ilustração a figura 2, examinemos o caso de um trabalhador hipotético, com 20 pessoas-ano de exposição a fatores de risco durante sua vida laboral em indústria galvânica. O seu câncer pulmonar poderia ser atribuído à exposição ocupacional a névoas ácidas, nas operações em tanques de galvanoplastia; entretanto, a exposição ao fator de risco — cromo hexavalente — somente poderia ser revelada a partir da construção da história ocupacional. Como estava aposentado, é muito pouco provável que sua doença fosse atribuída ao trabalho. Nesse caso, além de destacarmos a relevância da anamnese ocupacional, chamamos a atenção para uma das diferenças entre o acidente de trabalho e a doença ocupacional: enquanto aquele ocorre pelo exercício do trabalho durante o vínculo empregatício, a doença ocupacional, em muitos casos, devido ao seu longo tempo de latência, poderá surgir quando o trabalhador já estiver aposentado ou desligado da empresa.

Figura 2: Períodos de exposição ocupacional em diferentes empregos, durante a vida laboral

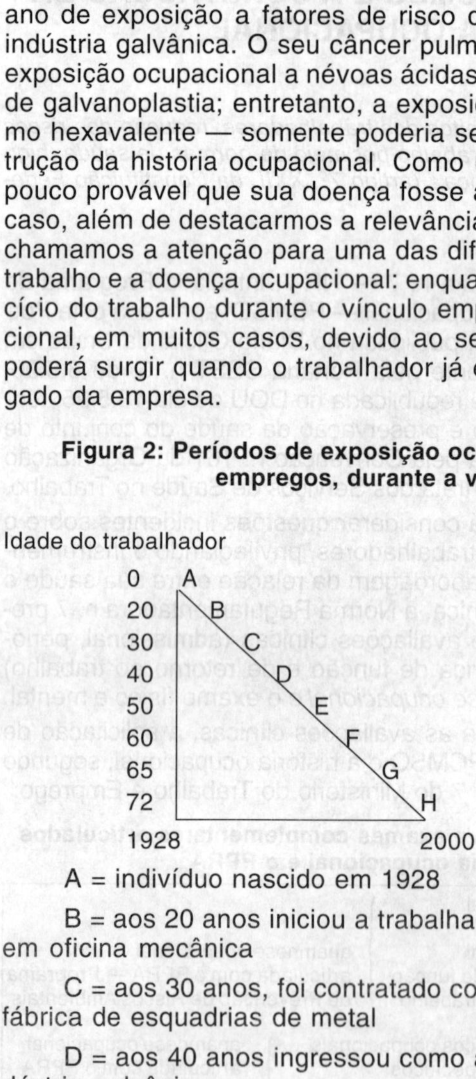

A = indivíduo nascido em 1928

B = aos 20 anos iniciou a trabalhar, auxiliar de serviços gerais em oficina mecânica

C = aos 30 anos, foi contratado como auxiliar de produção em fábrica de esquadrias de metal

D = aos 40 anos ingressou como auxiliar de produção, em indústria galvânica

E = aos 50 anos promovido a encarregado de produção, nessa indústria galvânica

F = aos 60 anos aposentou-se pela previdência social

G = aos 65 anos iniciou patologia pulmonar

H = óbito em 2000, aos 72 anos, devido a câncer de pulmão

Período F-D = 20 anos de exposição ocupacional ao fator de risco para câncer de pulmão, na indústria galvânica

O manual de procedimentos para os serviços de saúde (Ministério da Saúde do Brasil, 2001) ao abordar as doenças relacionadas ao trabalho reforça que "no âmbito dos serviços de saúde, *o principal instrumento para a investigação das relações saúde-trabalho-doença* e, portanto, para o diagnóstico correto do dano para a saúde e da relação etiológica com o trabalho, *é representado pela anamnese ocupacional*".

A Resolução n. 1.488/98 do Conselho Federal de Medicina, em seu art. 2º, estabelece que para o estabelecimento da relação causal entre os transtornos de saúde e as atividades do trabalhador, o médico deve considerar a história clínica e ocupacional, decisiva em qualquer diagnóstico e/ou investigação de nexo causal, além do estudo do local de trabalho, da organização do trabalho, os dados epidemiológicos, a literatura atualizada, a ocorrência de quadro clínico ou subclínico em trabalhador exposto a condições agressivas, a identificação de riscos físicos, químicos, biológicos, ergonômicos, de acidentes e outros, o depoimento e a experiência dos trabalhadores, o conhecimento e as práticas de outras disciplinas e de seus profissionais, sejam ou não da área de saúde.

Vale lembrar, portanto, que todos os profissionais da saúde, a partir de sua *entrevista* com os trabalhadores podem buscar dados que permitam a *inferência causal* entre os fatores de riscos ocupacionais e a doença, incapacidade, lesão ou perturbação funcional, ou óbito do trabalhador.

A ausência de anamnese ocupacional, a falta ou a ocultação de dados ou a colocação dos registros da história ocupacional em hierarquia inferior aos de natureza não-ocupacional *obstaculiza* o reconhecimento técnico do nexo causal, tornando impossível a realização do diagnóstico da relação trabalho-doença.

Ademais, a história ocupacional pode ser considerada como um *meio de prova*, com níveis de aplicação individual e coletivo (ação civil pública). Apesar dos avanços tecnológicos, a informação trazida pelos trabalhadores, a sua descrição das reais condições de execução das atividades, a verbalização das circunstâncias e dos modos operatórios que utilizam, representam, freqüentemente, a única fonte disponível de dados para explicar o adoecimento, o desconforto ou o dano sofrido.

Para atender aos requisitos da Norma Regulamentadora n. 7, o Médico do Trabalho, coordenador do PCMSO tem ainda como atribuições:

1. elaborar e obedecer a um planejamento anual das ações de saúde;
2. realizar exames médicos (avaliações clínicas);
3. solicitar exames complementares, dependendo da exposição dos trabalhadores a riscos específicos;
4. solicitar exames normalmente utilizados em patologia clínica;
5. solicitar exames decorrentes de acordos ou convenções coletivas de trabalho;
6. solicitar exames decorrentes de notificação lavrada por auditor fiscal do Ministério do Trabalho e Emprego;
7. registrar dados em prontuário individual;
8. manter registros por, no mínimo, vinte anos, após o desligamento do trabalhador;
9. transferir arquivos ao seu sucessor;
10. emitir atestado de saúde ocupacional, em duas vias, entregar a segunda via ao trabalhador, mediante recibo;
11. preencher adequadamente os atestados de saúde ocupacional, definir aptidão ou inaptidão para a função específica que o trabalhador vai exercer, vem exercendo ou exerceu;
12. registrar, nos atestados de saúde ocupacional, os riscos ocupacionais específicos existentes ou a ausência deles;
13. elaborar o relatório anual do PCMSO, discutir esse relatório com a Comissão Interna de Prevenção de Acidentes de Trabalho — CIPA, caso existente, e anexar cópia desse relatório às atas da CIPA;
14. encarregar médico familiarizado com a patologia ocupacional, com o ambiente de trabalho, com as condições de trabalho e com os riscos, para realizar os exames de avaliação clínica;
15. encarregar dos exames complementares profissionais e/ou entidades devidamente capacitados, equipados e qualificados;

16. solicitar à empresa a emissão da Comunicação de Acidente de Trabalho — CAT para casos de acidentes de trabalho ou doenças profissionais ou do trabalho;

17. indicar, quando necessário, o afastamento do trabalhador da exposição ao risco ou do trabalho;

18. encaminhar o trabalhador à Previdência Social para estabelecimento do nexo causal, avaliação de incapacidade e definição da conduta previdenciária;

19. orientar o empregador quanto à necessidade de adoção de medidas de controle no ambiente de trabalho;

20. obedecer aos prazos e periodicidade dos exames médicos — avaliação clínica e exames complementares;

21. estabelecer procedimentos e condutas médico-administrativas a partir dos resultados dos exames solicitados;

22. articular o PCMSO com as demais normas e com programas previstos na legislação, especialmente o Programa de Prevenção de Riscos Ambientais — PPRA, o Programa de Prevenção da Exposição Ocupacional ao Benzeno — PPEOB, o Programa de Proteção Respiratória — PPR, o Programa de Conservação Auditiva — PCA ou Programa de Prevenção de Perdas Auditivas Ocupacionais — PPPAO, rotulagem preventiva, Programa Integrado de Gestão de Riscos — PGR, o Programa de Alimentação do Trabalhador — PAT, entre outros;

23. estabelecer procedimentos e preparação de plano para emergências;

24. providenciar o treinamento em primeiros socorros e materiais necessários ao atendimento dos trabalhadores;

25. desencadear ações de promoção da saúde (qualidade de vida laboral);

26. colaborar e prestar assistência à empresa para o adequado preenchimento de vagas com pessoas portadoras de deficiências (portadoras de necessidades especiais ou de potencialidades especiais);

27. elaborar ou orientar o empregador quanto a laudos técnicos relativos à insalubridade, periculosidade, análise ergonômica do trabalho, entre outros;

28. integrar o PCMSO com o conjunto mais amplo de iniciativas da empresa no campo da saúde dos trabalhadores.

O êxito desse conjunto de atividades envolve, direta ou indiretamente, a obtenção ou a (re)construção e atualização da história ocupacional dos trabalhadores.

PARTE II

CONTRIBUIÇÕES DA HISTÓRIA OCUPACIONAL PARA O ESTABELECIMENTO DO NEXO ENTRE A DOENÇA E O TRABALHO

CAPÍTULO 3

RECONHECIMENTO E PREVENÇÃO DAS DOENÇAS RELACIONADAS AO TRABALHO

> *"A saúde tem como fatores determinantes e condicionantes, entre outros, a alimentação, a moradia, o saneamento básico, o meio ambiente, o trabalho, a renda, a educação, o transporte, o lazer e o acesso aos bens e serviços essenciais; os níveis de saúde da população expressam a organização social e econômica do País." (artigo 3º da Lei n. 8.080, de 19 de setembro de 1990)*

No Brasil, é extremamente precária a notificação de doenças relacionadas ao trabalho à Previdência Social. A partir de dificuldades que, simbolicamente, poderíamos denominar de nós górdios, constatamos entraves inerentes à formação do profissional de saúde, à ponderação e à consolidação dos critérios estabelecidos para o estabelecimento do nexo causal entre a exposição ocupacional e os efeitos à saúde dos trabalhadores, à vontade política para o reconhecimento, que se adicionam aos nós críticos relativos à avaliação, ao manejo e à prevenção dessas doenças. Os coeficientes de incidência dessas doenças têm oscilado com valores muito baixos e se considerarmos os acidentes de trabalho típicos, os acidentes de trajeto e as doenças profissionais, verifica-se que as doenças ocupacionais dificilmente ultrapassam 10% no cômputo desses eventos ligados aos infortúnios do trabalho.

A vinculação do desencadeamento de uma doença com seus fatores determinantes ligados ao trabalho apresenta dificuldades adicionais face à *performance* dos profissionais da saúde, haja vista, por exemplo, que a maioria dos prontuários médicos não contempla ou escassamente inclui dados relativos a uma história ocupacional consistente e detalhada. A capacitação do profissional da saúde não enfatiza suficientemente o conjunto de variáveis vinculadas à saúde ocupacional, nem o trabalho como fator desencadeador ou agravador de doenças.

Cimrin et al. (1999), interessados nas atitudes do pessoal da saúde quanto à coleta da história ocupacional, ao estudarem um total de 269 prontuários de pacientes em uma Faculdade de Medicina na Turquia, constataram que 43,9% dos médicos que examinaram esses pacientes não obtiveram a história ocupacional e apenas 22,7% dos médicos haviam obtido uma detalhada história ocupacional, concluindo que aquele conjunto de médicos deveria adquirir o hábito de elaborar a história ocupacional, já que dedicaram insuficiente atenção a esse tema, e apresentaram como discussão o fato de que aqueles médicos provavelmente não eram treinados para reconhecer o trabalho como uma causa da doença.

No Brasil, as estatísticas referentes à mortalidade decorrente das doenças ocupacionais são desconhecidas. *Leigh et al.* (1997) estimaram a carga de doenças ocupacionais nos Estados Unidos, afirmando que nesse país ocorreram 817.000 a 907.000 novos casos de doenças ocupacionais e 46.900 a 73.700 mortes resultaram de doenças ocupacionais em 1992, com valores médios de 862.200 novos casos de doença e 60.300 mortes, concluindo que os custos dos acidentes e doenças ocupacionais são elevados, em pronunciado contraste com a limitada atenção pública e recursos sociais devotados à sua prevenção.

O quadro 2 evidencia estudo comparativo entre os acidentes de trabalho e as doenças profissionais e do trabalho e nos auxilia a refletir sobre as semelhanças, diferenças e peculiaridades desses eventos:

Quadro 2: estudo comparativo entre acidente de trabalho e doença profissional e do trabalho

Estudo comparativo	Acidente de trabalho	Doenças Profissionais e do Trabalho
Conceito legal	Acidente de trabalho é o que ocorre pelo exercício do trabalho, a serviço da empresa, provocando lesão corporal ou perturbação funcional que cause a morte ou a perda ou redução, permanente ou temporária, da capacidade para o trabalho	Doença profissional é a produzida ou desencadeada pelo exercício do trabalho peculiar a determinada atividade e constante da respectiva relação elaborada pelo Ministério do Trabalho e da Previdência Social. Doença do trabalho é a adquirida ou desencadeada em função de condições especiais em que o trabalho é realizado e com ele se relacione diretamente, constante da relação elaborada pelo Ministério do Trabalho e da Previdência Social

Estudo comparativo	Acidente de trabalho	Doenças Profissionais e do Trabalho
Conceito prevencionista	Qualquer interrupção do ritmo normal de trabalho, mesmo que não haja lesão	Inexistente
Hierarquia perante a Previdência Social	Igual, tanto os acidentes quanto as doenças profissionais e do trabalho têm a mesma hierarquia	As doenças profissionais e do trabalho são consideradas como acidentes de trabalho, conforme a legislação previdenciária
Concausalidade	Admitida pela Previdência Social	Admitida pela Previdência Social, embora freqüente e incorretamente alegada para excluir o nexo causal
Proporção de casos notificados	Maior	Menor
Proporção de casos subnotificados	Menor	Maior
Proporção de óbitos registrados	Cerca de 3.500 óbitos anuais	Desconhecida, não informada
Viabilidade do nexo com o trabalho (nexo causal)	Mais fácil	Mais difícil, depende da anamnese ocupacional e de diagnósticos diferenciais
Fatores ou condições de risco	Predominam os de natureza mecânica	Predominam os de natureza química, física, biológica e ergonômica
Principais lesões ou perturbações funcionais	Contusões, escoriações, fraturas, luxações, queimaduras, feridas corto-contusas ou perfuro-incisas e punctórias	Sofrimento mental no trabalho, estresse ocupacional, *burn out*, perdas auditivas ocupacionais, dermatoses, pneumopatias ocupacionais, distúrbios osteomusculares relacionados ao trabalho
Agravamento da lesão ou da perturbação funcional	Pode ser agravada pela organização, ambiente e condições de trabalho ou atividades do trabalhador (ações ou omissões) ou por erro do profissional da saúde	Pode ser agravada pela organização, ambiente e condições de trabalho ou atividades do trabalhador (ações ou omissões), ou por erro do profissional da saúde
Simulação	Pode ocorrer, em qualquer momento	Pode ocorrer, mais freqüente no momento da demissão
Medidas de Prevenção	Governamentais, políticas, técnicas, organizacionais, educativas, coletivas e indi-	Governamentais, políticas, técnicas, organizacionais, educativas, coletivas e in-

Estudo comparativo	Acidente de trabalho	Doenças Profissionais e do Trabalho
	viduais — Comissão Interna de Prevenção de Acidentes — CIPA	dividuais — Comissão Interna de Prevenção de Acidentes — CIPA
Momento da eclosão ou relação temporal com o desencadeamento	Imediato, subitâneo, na vigência do vínculo empregatício, pelo exercício do trabalho e no percurso da residência para o local de trabalho, ou deste para aquela, ou em decorrência de ato de agressão, sabotagem, casos fortuitos ou de força maior, em viagem a serviço, ou de ato de pessoa privada do uso da razão, ofensa física intencional por motivo de disputa relacionada ao trabalho	Mediato, gradual, insidioso, paulatino (salvo intoxicação aguda),na vigência do vínculo empregatício, pelo exercício do trabalho ou pela presença em ambientes nocivos e insalubres, ou mesmo após a cessação do vínculo empregatício, podendo estar aposentado, em decorrência do longo tempo de latência
Relação com adicional de insalubridade consoante Norma Regulamentadora n. 15 do Ministério do Trabalho e Emprego	Não	Sim, inclusive sendo pista para atenta investigação da exposição a fatores de riscos nocivos à saúde
Relação com situações de grave e iminente risco à saúde ou à integridade física do trabalhador, consoante Norma Regulamentadora n. 3 do Ministério do Trabalho e Emprego	Sim	Sim
Ações indenizatórias na área cível	Mais freqüentes	Menos freqüentes, devido às dificuldades de estabelecimento do nexo causal ou à sua dissimulação e devido ao sub-registro das doenças
Relação com o direito a benefícios previdenciários: auxílio-doença e auxílio-acidente	Sim	Sim
Registros em 2001*	283.193 AT típicos 38.982 trajeto	17.470

(*) dados preliminares, conforme publicação da Revista Proteção, outubro de 2002.

O contraste entre o elevado número de acidentes de trabalho registrados e a escassez de doenças profissionais notificadas (Anexo A) leva-nos a refletir sobre o papel fragilizado das entidades representativas dos trabalhadores em níveis nacional, estadual e local, o desrespeito ao saber dos trabalhadores, a formação dos trabalhadores, ausência de história ocupacional fidedigna, levando à falta de diagnóstico e de reconhecimento das doenças, registros inadequados de sinais, sintomas e queixas dos trabalhadores, imputando-os a outras causas que não o exercício do trabalho, a carência ou ocultação de dados, a dissimulação do nexo causal, o papel das instituições de ensino e a formação dos profissionais da saúde, os programas de prevenção de riscos ambientais e de controle médico de saúde ocupacional com reduzido impacto sobre a promoção e proteção da saúde dos trabalhadores, a escassez de auditores fiscais na área de segurança e saúde do trabalhador, o reduzido número de indicadores biológicos para monitoramento da exposição química ocupacional, as tabelas de limites de exposição ocupacional mais permissivas e desatualizadas, ou os limites de tolerância tomados, inadvertidamente, como divisores absolutos entre ambiente salubre ou insalubre.

As relações entre a saúde e o trabalho serão melhor entendidas quando a vontade política e o conhecimento científico reconhecerem mais profundamente o vínculo entre os fatores de risco e os agravos à saúde. Essa relação de causa e efeito entre o exercício do trabalho e a doença resultante, denominada nexo causal, será melhor compreendida quando houver um estudo mais aprimorado dos processos e da organização do trabalho, de seus determinismos políticos, socioeconômicos e culturais, além de pesquisas sobre os padrões de exposição ocupacional a fatores de risco e sua variabilidade, bem como dos efeitos à saúde, sejam agudos ou crônicos. A maioria das doenças resulta da interação de fatores extrínsecos, originados do meio ambiente, e de fatores intrínsecos, próprios do indivíduo, tendo como pano de fundo o determinismo político e socioeconômico.

Como afirmam *Lax et al.* (1998), a doença ocupacional é surpreendentemente comum e seu espectro é extremamente amplo. O paciente com uma possível doença relacionada ao trabalho procura atendimento inicialmente com o médico de família ou com serviços de atenção primária de saúde. A identificação de uma doença ocupacional em um paciente também fornece ao médico uma oportunidade de proteger outros pacientes com exposições similares.

Goldman e *Peters* (1981) referem que as causas ocupacionais e ambientais da doença raramente entram no diagnóstico diferencial feito pelos clínicos. Como resultado, médicos perdem a oportunidade de fazer o correto diagnóstico que poderia influenciar o curso da doença em alguns indivíduos afetados (através da cessação da exposição) e que poderia prevenir a doença em outros (através do afastamento da exposição).

O trabalho de *Sayers* (1934), apresentado na 29ª Reunião Anual da Associação Nacional de Tuberculose, Toronto, Ontário, em 29 de junho de 1933, intitulado "A História Ocupacional e Como Fazê-la" conclui que *"os melhores resultados são obtidos quando o examinador familiariza-se ele mesmo com cada ocupação por meio da observação pessoal e pela obtenção da informação dos trabalhadores, dos representantes da empresa e da literatura"*.

As categorias de doenças relacionadas com o trabalho, segundo *Richard Schilling*, citadas por *Mendes, R.* (2003) e adotadas pelo Ministério da Saúde do Brasil reconhecem três situações: na primeira, o *trabalho é a causa necessária*, identificando-se com as doenças profissionais, "inerentes" a determinadas atividades, também denominadas tecnopatias, em que a silicose dos jateadores de areia e o saturnismo dos fabricantes de baterias são representantes típicos. Na segunda, *o trabalho é fator contributivo, mas não necessário*, dando guarida às doenças do trabalho que resultam de condições especiais em que ele é realizado, também denominadas mesopatias, tendo como exemplos as doenças ou distúrbios osteomusculares relacionados com o trabalho, as perdas auditivas ocupacionais (sendo a perda auditiva induzida pelo ruído a de maior prevalência), a doença aterosclerótica dos trabalhadores expostos ao dissulfeto de carbono. Na terceira categoria, *o trabalho intervém como agente provocador de um distúrbio latente ou agravador de uma doença já estabelecida*, também aqui incluídas as mesopatias, tendo como alguns representantes a bronquite crônica, a dermatite de contato alérgica ou a úlcera péptica.

A segunda e a terceira categorias representam doenças que freqüentemente são subnotificadas, pois não são reconhecidas suas vinculações com o trabalho. Referenciadas no Manual de Procedimentos para os Serviços de Saúde do Ministério da Saúde (2001) essas doenças apresentam etiologia múltipla, ou são causadas por múltiplos fatores de risco. Para essas duas categorias de doenças, "o trabalho poderia ser entendido como um fator de risco, ou seja, uma exposição ou um atributo que está associado com uma probabilidade aumentada de ocorrência de uma doença, não necessariamente um fator causal (*Last*, 1995)".

Nessas categorias, como dificuldade adicional, o ônus da prova tem recaído sobre o autor, vale dizer, a produção da prova recai sobre o trabalhador, quanto ao fato constitutivo do seu direito. Ocorre, por óbvio, que escassas vezes conta o trabalhador com assessorias aptas a lhe prestar o auxílio indispensável para a produção das provas, e que passariam, por certo, pela construção ou reconstrução da sua história ocupacional.

Em acréscimo, a concausalidade escassamente tem beneficiado o trabalhador, apesar de vinculada ao artigo 21 da Lei n. 8.213/91, que regulamenta os benefícios da Previdência Social: "Equipara-se também ao acidente do trabalho, para os efeitos desta Lei, inciso I — o acidente ligado ao trabalho que, embora não tenha sido a causa única, haja contribuído diretamente para a morte do segurado, para redução ou perda da sua capacidade para o trabalho, ou produzido lesão que exija atenção médica para sua recuperação".

Conforme acentua *Prates* (2000), "o legislador configurou situação de concausa, na qual se estudam fatos ou circunstâncias não relacionadas com o trabalho, mas que somadas à causa resultem diretamente no evento final de morte, perda ou redução da capacidade para o trabalho ou atenção médica para a recuperação do trabalhador". Ilustrando, como uma concausa preexistente, ou anteveniente, citamos a existência de costela cervical (congênita) em trabalhador, não afasta a causa-trabalho, em digitador que adquire tenossinovite, devido à jornada excessiva de trabalho (horas extras) ou ao excessivo número de toques sobre o teclado ou ao posto de trabalho que não atenda os requisitos ergonomicamente adequados a sua operação.

Outro exemplo de concausa, agora concomitante ou superveniente, é representado pela perda auditiva em decorrência do envelhecimento (idade do trabalhador). Nesse caso, a presbiacusia (concausa concomitante ou superveniente) tem sido utilizada para negar a causa-trabalho, ou vem sendo alegada como única causa geradora da perda auditiva (às vezes, num indivíduo de 30, 35 ou 40 anos!), ou tem sido colocada, ardilosamente, em nível hierárquico superior à causa-trabalho: exposição ocupacional sistemática e continuada a níveis elevados de pressão sonora (ruído excessivo), dissimulando, com isso, a relação de nexo causal com o trabalho. Nesse caso, tanto o desencadeamento quanto o agravamento da perda auditiva ocupacional (em decorrência da exposição a ruído intenso ou a gases asfixiantes, ou a alguns metais ou solventes, por exemplo) ou são omitidos devido à ausência de anamnese ocupacional associada com o PPRA ou são desconsiderados em favor da perda auditiva em decorrência da idade do trabalhador (presbiacusia em trabalhador relativamente jovem, dentro da faixa etária já citada, por exemplo).

Na prática da medicina, como afirmam *Harvey et al.* (1975), o médico se depara com três interrogações básicas:

Que se passa com o paciente? Que posso fazer para ajudá-lo? Qual será o resultado final?

Uma quarta pergunta, por que aconteceu? surgirá, por certo, na mente do médico entrevistador. Segundo esses autores, o enfoque clínico deve despertar, prioritariamente, o foco no doente e não na doença, a aquisição de dados factuais, o uso de técnicas semióticas auxiliares, a avaliação sistemática das informações acumuladas que permitirão chegar ao diagnóstico, tratamento e prognóstico.

Como contribuição ao centenário da designação, em 1898, do Dr. Thomas Legge, como o primeiro Inspetor Médico de Fábricas na Grã-Bretanha, *Osman* e *Benn* (1998), ao escreverem sobre o monitoramento da doença ocupacional, afirmaram que os dados são suficientes para demonstrar que uma ação contínua é necessária para abordar a considerável carga econômica e humana ainda atribuível às doenças relacionadas ao trabalho, com uma prevalência estimada de dois milhões de casos de doenças relacionadas ao trabalho em 1995, causando 19,5 milhões de dias perdidos de trabalho. Por essas razões, e com o objetivo de responder às questões públicas e políticas, existe uma contínua necessidade de registrar os casos de doença.

Para *Wisner* (1987), os principais aspectos do custo humano do trabalho são as doenças profissionais e as doenças ligadas ao trabalho, os acidentes, o desgaste e a fadiga, o sofrimento, o desinteresse. A ocorrência de doenças ocupacionais não é uniforme para o conjunto dos trabalhadores, pois certos indivíduos são atingidos em graus diferentes, enquanto outros não o são, razão pela qual a *abordagem epidemiológica* é essencial e indispensável. Os problemas ligados ao trabalho são de natureza probabilística, e essa abordagem é ainda recente.

A legislação pertinente à segurança e saúde dos trabalhadores, desde 30.12.94 estabelece que o PCMSO deverá considerar as questões incidentes sobre o indivíduo e a coletividade de trabalhadores, privilegiando o instrumental clínico-epidemiológico na abordagem da relação entre sua saúde e o trabalho (subitem 7.2.2 da Norma Regulamentadora n. 7 do Ministério do Trabalho e Emprego).

Articulado com a Norma Regulamentadora n. 7, o Programa de Prevenção de Riscos Ambientais — Norma Regulamentadora n. 9 — estabelece, no que diz respeito às *medidas de controle,* que deverão ser adotadas as medidas necessárias e suficientes para a eliminação, a minimização ou o controle dos riscos ambientais sempre que forem *verificadas situações de:* a) identificação, na fase de antecipação, de *risco potencial à saúde*; b) constatação, na fase de reconhecimento, de *risco evidente à saúde*; c) *ultrapassagem dos valores dos limites de exposição ocupacional* preconizados pela legislação brasileira, ou na sua ausência, pela ACGIH — American Conference of Governmental Industrial Higyenists ou aqueles que venham a ser estabelecidos em negociação coletiva, desde que mais rigorosos; e d) *caracterização do nexo causal entre danos observados na saúde dos trabalhadores e a situação de trabalho a que eles ficam expostos.*

De longa data, o artigo 169 da Consolidação das Leis do Trabalho — CLT, estabelece que será obrigatória a notificação das doenças profissionais e das produzidas em virtude de condições especiais de trabalho, comprovadas ou objeto de suspeita, de conformidade com as instruções expedidas pelo Ministério do Trabalho. Essas instruções foram explicitadas no subitem 7.4.8 da Norma Regulamentadora n. 7, ao determinar que *sendo constatados a ocorrência ou agravamento de doenças profissionais, através de exames médicos* que incluam os definidos na NR-7, *ou sendo verificadas alterações* que revelem qualquer tipo de disfunção de órgão ou sistema biológico, *através dos exames constantes do Quadro I* (indicadores biológicos de exposição química ocupacional) *e Quadro II* (outros exames complementares, tais como audiometria, espirometria, RX de Tórax) *e de outros exames complementares usados normalmente em patologia clínica* para avaliar o funcionamento de órgãos e sistemas orgânicos, mesmo sem sintomatologia, caberá ao médico coordenador do PCMSO ou ao médico encarregado dos exames:

a. solicitar à empresa a emissão da Comunicação de Acidente do Trabalho — CAT

b. indicar, quando necessário, o afastamento do trabalhador da exposição ao risco, ou do trabalho

c. encaminhar o trabalhador à Previdência Social para estabelecimento de nexo causal, avaliação de incapacidade e definição da conduta previdenciária em relação ao trabalho

d. orientar o empregador quanto à necessidade de adoção de medidas de controle no ambiente de trabalho

A Previdência Social determina a emissão da CAT, mediante o preenchimento de formulário padronizado, comum aos acidentes de trabalho e às doenças profissionais e do trabalho, ainda que não haja afastamento do trabalho, estabelecendo *prazo*: a empresa deverá comunicar o acidente do trabalho à Previdência Social até o *primeiro dia útil seguinte ao da ocorrência* e, em caso de morte, de imediato, à autoridade competente, sob pena de multa variável entre o limite mínimo e o limite máximo do salário-de-contribuição, sucessivamente aumentada nas reincidências, aplicada e cobrada pela Previdência Social (art. 22 da Lei n. 8.213/91).

No caso de doença profissional ou do trabalho, considera-se como *dia do acidente*, a data do início da incapacidade laborativa para o exercício da atividade habitual, ou o dia da segregação compulsória, ou o dia em que for realizado o diagnóstico, valendo para este efeito o que ocorrer primeiro (art. 23 da Lei n. 8.213/91).

Embora expressamente determinados pela legislação, o descumprimento desses artigos e a conseqüente *não-emissão da CAT* são extremamente freqüentes, obstaculizando direitos dos trabalhadores, freando as estatísticas de acidentes e doenças ocupacionais, impedindo a realização de estudos epidemiológicos e causando empecilho para a elaboração e implementação de políticas preventivas estratégicas que visem à eliminação de condições ou fatores de risco.

Com a publicação do Decreto n. 3.048, de 6.5.99 que aprovou o Regulamento da Previdência Social, foram revigoradas e fortemente ampliadas as bases técnicas para reconhecimento de agentes patogênicos causadores de doenças profissionais ou do trabalho (Anexo II), bem como foram editadas a Lista A, relativa a agentes ou fatores de risco de natureza ocupacional relacionados com a etiologia de doenças profissionais e de outras doenças relacionadas com o trabalho e a Lista B, indicando as doenças relacionadas com o trabalho (conforme a CID-10) e os respectivos agentes etiológicos ou fatores de risco de natureza ocupacional.

Esse enorme avanço da legislação previdenciária ampliou o horizonte clínico, permitindo aos profissionais da saúde uma dupla entrada, através do fator de risco ou da doença, sistematizando a abordagem clínica, facilitando a elaboração do diagnóstico; portanto, oferecendo uma ferramenta auxiliar que viabiliza, indelevelmente, o reconhecimento do nexo causal entre o trabalho e a doença. Todavia, sua divulgação é precária ou ainda incipiente nos meios acadêmicos, e muitos profissionais da saúde ainda não foram informados de que as doenças ambientais e ocupacionais freqüentemente são mascaradas por doenças comuns (*Goldman* e *Peters*, 1981).

A mística da medicina ambiental repousa na história, que pode revelar ao médico miríades de exposições potenciais que requerem investigação (*Goldstein* e *Gochfeld*, 1990).

As doenças ocupacionais são subdiagnosticadas, conforme afirmam *Baker* e *Landrigan* (1990), e muitas doenças de origem ocupacional são incorretamente atribuídas a outras causas. Para esses autores, o subdiagnóstico da doença ocupacional reflete o fato de que clínica e patologicamente a maioria das doenças ocupacionais não são distinguidas de doenças crônicas associadas com etiologias não ocupacionais.

A figura 3, com base no *iceberg* das doenças ocupacionais, adaptado do trabalho de *Levy* e *Wegman* (1995), tenta ilustrar a majoritária subnotificação das doenças relacionadas ao trabalho.

Figura 3: *iceberg* da subnotificação de doenças relacionadas ao trabalho

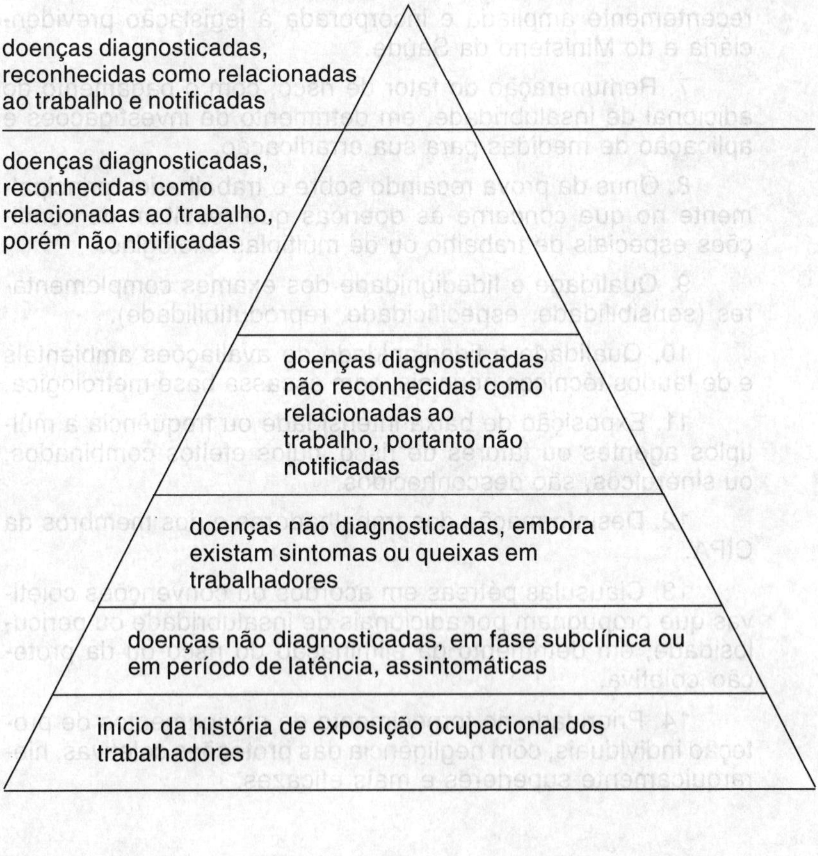

Nesse sentido, podem ser arroladas inúmeras *causas que contribuem para o não reconhecimento ou subdiagnóstico* das doenças ocupacionais:

1. História ocupacional ausente ou incompleta.

2. Precariedade da vigilância da saúde ocupacional.

3. Atenção primária de saúde não prioriza ações de saúde do trabalhador.

4. Indicadores biológicos de exposição ou de efeito em número reduzido, ou ainda não totalmente validados pela toxicologia e epidemiologia.

5. Carência ou ocultação de dados toxicológicos de produtos químicos recentemente lançados no mercado, ou mesmo antigos no mercado.

6. Lista de doenças relacionadas com o trabalho apenas recentemente ampliada e incorporada à legislação previdenciária e do Ministério da Saúde.

7. Remuneração do fator de risco, com o pagamento do adicional de insalubridade, em detrimento de investigações e aplicação de medidas para sua erradicação.

8. Ônus da prova recaindo sobre o trabalhador, principalmente no que concerne às doenças que resultam de condições especiais de trabalho ou de múltiplas etiologias.

9. Qualidade e fidedignidade dos exames complementares (sensibilidade, especificidade, reprodutibilidade).

10. Qualidade e fidedignidade de avaliações ambientais e de laudos técnicos periciais, com escassa base metrológica.

11. Exposição de baixa intensidade ou freqüência a múltiplos agentes ou fatores de risco, cujos efeitos combinados, ou sinérgicos, são desconhecidos.

12. Desinformação dos trabalhadores e dos membros da CIPA.

13. Cláusulas pétreas em acordos ou convenções coletivas que propugnam por adicionais de insalubridade ou periculosidade, em detrimento da eliminação do risco ou da proteção coletiva.

14. Prioridade no fornecimento de equipamentos de proteção individuais, com negligência das proteções coletivas, hierarquicamente superiores e mais eficazes.

15. Foco no efeito (a doença) e não na causa (o processo e a organização do trabalho e seu determinismo político, social e econômico).

16. Descumprimento da legislação vigente, especialmente as Normas Regulamentadoras de Segurança e Medicina do Trabalho.

17. Longa latência entre exposição ocupacional e o desencadeamento da doença.

18. Qualidade do ensino acadêmico e da formação do profissional da saúde, inclusive em cursos de pós-graduação, com escasso investimento em habilidades e competências relacionadas com a elaboração da história ocupacional.

19. Biotética e suas vicissitudes no campo da saúde do trabalhador.

20. Raros casos de nexo causal estabelecido com base unicamente na clínica.

21. Legislação desatualizada, mantendo "limites de tolerância" em níveis de exposição mais permissivos.

22. Fiscalização precária (quadro reduzido de auditores fiscais especializados na área de segurança e saúde do trabalhador, a maioria dos municípios brasileiros não dispõe de fiscalização efetiva e continuada, além da ausência de concursos públicos periódicos).

23. Ações regressivas ainda escassas, impostas pela Previdência Social.

Em que pese acarretar custo adicional de tempo e esforço, como afirmam *Guidotti et al.* (1983), a história ocupacional, como qualquer outro componente de uma entrevista abrangente com o paciente, pode ser abreviada, expandida, ou especificamente focada, porém ela nunca deveria ser omitida.

Quando estamos interessados em investigar as relações entre trabalho e o processo saúde-doença, mais freqüentemente utilizamos a história ocupacional como abordagem clínica, em base individual. Todavia, a abordagem epidemiológica, em base coletiva, vem sendo construída especialmente na avaliação das doenças mentais e do sofrimento mental relacionados ao trabalho.

Quando abordadas apenas de forma individualizada, como refere *Karam* (2003), as transformações do mundo do trabalho e seus efeitos na vida intramuros das fábricas, das usinas, dos complexos laborais muitas vezes não são lidos como um conjunto de significados. A abordagem coletiva oportuniza uma solução, uma transformação das causas mais profundas de tais efeitos que, por não serem bem compreendidos em sua gênese, ficam reduzidos em seu grau de magnitude e importância. Nessa abordagem coletiva, as pesquisas de *Christophe Dejours* sobre a psicopatologia do sofrimento no trabalho representaram marco decisivo na medida que deslocaram o eixo da atenção de um ponto para outro, ou seja, da formação de sintomas (Psicopatologia do Trabalho) para aquilo que a antecede: o sofrimento humano (Psicodinâmica do Trabalho). Portanto, quando se passa a falar sobre absenteísmo e acidentes do trabalho relacionados ao estresse, quando se tenta correlacionar trabalho-saúde mental, inaugura-se um trabalho social mais ampliado, implicado na busca da dignidade do trabalhador, por intermédio de uma ação junto ao eixo saúde mental e trabalho. Surge, então, a abordagem coletiva, alicerçada em um tipo especial de "escuta profissional" para o entendimento do sofrimento no trabalho. Na medida em que estudamos o sofrimento mental que antecede à formação dos sintomas, estamos contribuindo para a construção das medidas preventivas das doenças mentais desencadeadas ou agravadas pelo trabalho. Como destaca *Karam* (2003), essa escuta profissional passa pelo processo de compreensão da palavra no trabalho, com base na arte do entendimento. Mais do que meramente o ato de ouvir as queixas, ou as demandas do conjunto de trabalhadores, os profissionais envolvidos nessa abordagem coletiva buscam estabelecer um compromisso, através de reuniões, em grupos, entre todos os sujeitos envolvidos, com base no conteúdo da demanda, dispensando o uso de questionários, gravações e priorizando o *status* da palavra, visando a escuta coletiva do sofrimento no trabalho. Com base na escuta e compreensão, interpretação e relatório de restituição, bem como na validação dos resultados, essas exigências teórico-metodológicas são a essência da psicodinâmica do trabalho. Interessada na análise coletiva de situações de trabalho, através do empenho conjunto de ambas as partes: sujeito (trabalhador) e pesquisador (profissional da saúde), a psicodinâmica do trabalho também constrói histórias de vida no trabalho do conjunto dos trabalhadores e de certa forma utiliza, como um de seus instrumentos, a história ocupacional coletiva.

Para o reconhecimento das doenças relacionadas ao trabalho, com a abordagem qualitativa, uma das estratégias utilizadas é o estudo do mapa de riscos ambientais. Ele representa, graficamente, a natureza (físicos, químicos, biológicos, ergonômicos e de acidentes) e a magnitude ou grau (pequeno, médio, grande) dos riscos percebidos, discutidos e validados consensualmente pelos trabalhadores em cada setor da empresa, resultado do confronto entre ambiente e dano à saúde (*Odonne et al.*, 1986).

Organismos reconhecidos internacionalmente como a AIHA — American Association of Industrial Higyenists também propõem uma abordagem qualitativa para a avaliação de risco de ocorrência de doenças ocupacionais, com base em categorias ou graus de exposição e na gravidade do efeito sobre a saúde.

A PREVENÇÃO DAS DOENÇAS OCUPACIONAIS

A visão ecológica da saúde deve manter uma visão abrangente dos determinantes e da sustentabilidade da saúde das populações. Ao se indagar sobre qual deve ser o escopo da saúde pública, genericamente definida como a arte e a ciência de prevenir a doença, promover a saúde e prolongar a vida através de esforços organizados da sociedade, deve-se estar atento a duas dimensões fundamentais: elucidar os determinantes das desigualdades da saúde, devido às desigualdades sociais e materiais, e estudar as alterações a longo prazo na estrutura e nas condições do meio ambiente global (social e natural) que afetam a sustentabilidade da adequada saúde para as populações (*Beaglehole* e *McMichael*, 2000).

Esses autores destacam as mudanças no contexto global da saúde pública em decorrência do advento e das conseqüências da globalização, promovidas principalmente pelo sistema econômico baseado no mercado globalizado, através de agências internacionais como a Organização Mundial do Comércio, Banco Mundial, Fundo Monetário Internacional e corporações transnacionais. Para a saúde pública, em que pese o acelerado crescimento econômico e tecnológico tenha promovido a saúde e a qualidade de vida de algumas populações privilegiadas, permanece a separação entre os países ricos e pobres, onde a globalização ameaça a saúde das populações menos favorecidas, pela erosão das condições sociais e ambientais e pela divisão global do trabalho e seus impactos no mundo do trabalho (flexibilização, terceirização, novas formas de produção e de organização do trabalho).

A contribuição ambientalista para a prevenção das doenças e infortúnios relacionados ao trabalho inclui, entre outras atividades, a implementação de sistemas de gestão ambiental, a utilização de tecnologias limpas, a prevenção dos acidentes ampliados, a preservação e a educação ambiental, a implantação de um sistema harmonizado para a classificação e rotulagem de produtos químicos, a atuação responsável e a integração de sistemas de gestão da qualidade, meio ambiente, saúde e segurança no trabalho. Com o início e os desafios das preocupações de algumas organizações industriais e de prestação de serviços (sensibilizadas pela atuação responsável e ética nos negócios) e devido ao crescente aumento da consciência ambiental dos consumidores, muitas contribuições para a preservação e melhoria do meio ambiente e de prevenção às práticas poluidoras vêm ganhando impulso.

Conforme *Rovere* (2000), o desenvolvimento sustentável é um processo de transformação no qual a exploração dos recursos, a direção dos investimentos, a orientação do desenvolvimento tecnológico e as mudanças institucionais se harmonizam e reforçam o potencial presente e futuro, a fim de atender às necessidades e aspirações humanas.

As redefinições nas relações internacionais em diferentes áreas da vida social, como a economia, as finanças, a tecnologia, as comunicações, a cultura, a religião, entre outras, impostas pelo processo de globalização, conforme enfatiza *Cattani* (1997), vem provocando um processo de polarização crescente entre regiões, países e grupos sociais, com a aceleração das desigualdades inter e intranacionais, tornando distante a promessa do "mundo sem fronteiras".

Recente relatório elaborado pelo National Institute for Occupational Safety and Health — NIOSH, referenciado por *Landsbergis* (2003), descreve novas práticas da organização do trabalho que vem sendo implementadas pelos empregadores, face ao enfrentamento da economia globalizada:

1) reestruturação organizacional, redução do quadro funcional, terceirização;

2) gestão flexível, novo sistema de organização do trabalho, (incluindo gestão da qualidade total, *just-in-time*, sistema *kanban*, manufatura modular, sistemas de trabalho de alta *performance*); e

3) uso do trabalho temporário.

Essas tendências têm evidenciado quatro características essenciais para uma agenda de pesquisa e desenvolvimento propostos pelo NIOSH:

a) a necessidade de coleta de dados para compreender a prevalência de fatores de risco representados pela organização do trabalho, tal como altas demandas de trabalho, insegurança no trabalho, prolongadas jornadas de trabalho;

b) a necessidade de compreender os efeitos à saúde e à segurança dos trabalhadores a partir dessas tendências das práticas organizacionais, tais como reestruturação produtiva, terceirização, flexibilização;

c) a necessidade de maior intervenção, atuando sobre redesenho do trabalho que pode proteger a saúde e segurança do trabalhador, além da necessidade de serem avaliadas a *legislação e as políticas públicas* que influenciam a organização do trabalho; e

d) a necessidade de formalizar e promover a organização do trabalho como um campo distinto de estudo dentro da saúde e segurança ocupacional e desenvolver treinamento multidisciplinar, essencial para a pesquisa e a intervenção.

Essas *recentes tendências na organização do trabalho* podem afetar a saúde dos trabalhadores de várias maneiras: *aumentando o risco de doenças relacionadas ao estresse* tais como doenças cardiovasculares, distúrbios musculoesqueléticos e psicológicos; aumentando a exposição a substâncias perigosas e à violência no trabalho; pelas interferências nos serviços de saúde ocupacional e programas de treinamento. Conclui o autor que tais evidências sugerem que as recentes tendências na organização do trabalho (definida pelo NIOSH como o processo de trabalho e as práticas organizacionais que influenciam o delineamento do trabalho) podem estar *aumentando o risco de doenças ocupacionais.*

O quadro 3 exemplifica alguns riscos à saúde causados pelos processos de globalização:

Quadro 3: riscos à saúde impostos pelos processos de globalização, adaptado de *Beaglehole* e *McMichael* (2000)

Riscos primários à saúde:
• perpetuação e exacerbação de diferenças salariais (interpaíses e intrapaíses) e por conseqüência criando e mantendo a pobreza básica associada a más condições de saúde; • fragmentação e enfraquecimento de mercados de trabalho, à medida que o capital móvel internacional adquire maior poder relativo. A insegurança no emprego, salários aviltados e o mais baixo denominador comum de condições ambientais, ocupacionais e de segurança podem ameaçar a saúde dos trabalhadores e de suas famílias;

• as conseqüências das alterações ambientais globais, incluindo alterações na composição atmosférica, degradação da terra, depleção da biodiversidade, crescimento de espécies invasivas e dispersão de poluentes orgânicos persistentes;
Outros riscos mais específicos à saúde:
• ampliação das doenças causadas pelo tabagismo, já que a indústria fumageira globaliza seus mercados; • doenças de excessos dietéticos já que a produção e o processamento de alimentos tornam-se intensificados e já que as preferências dos consumidores urbanos são moldadas pelas crescentes imagens promovidas globalmente; • os efeitos à saúde pública devido à proliferação de veículos privados, tendo em vista que os fabricantes expandem seus mercados; • o continuado aumento da obesidade na comunidade urbana; • expansão do comércio internacional de drogas; • doenças infecciosas que presentemente se alastram mais facilmente devido às viagens intercontinentais; • o aparente aumento da prevalência da depressão e de distúrbios da saúde mental em populações urbanas socialmente fragmentadas e mais idosas.

A Organização Internacional do Trabalho — OIT recentemente acordou princípios para o estabelecimento de diretrizes sobre *sistemas de gestão de segurança e saúde no trabalho.* De caráter e adesão voluntários, tais diretrizes estabelecem recomendações práticas para auxiliar as organizações e instituições a melhorarem e aprimorarem a eficácia da gestão em segurança e saúde no trabalho, visando a proteger os trabalhadores contra perigos e eliminar lesões, enfermidades, doenças, incidentes e óbitos relacionados com o trabalho. Trata-se de importante referência para a estruturação de um sistema de gestão da segurança e saúde no trabalho, através do estabelecimento de políticas, participação dos trabalhadores, organização, planejamento, implementação, avaliação, auditoria e aperfeiçoamento contínuo. Outras fontes obrigatórias de consulta da OIT são os *acordos internacionais de trabalho* e suas correspondentes *recomendações* vinculadas à segurança e saúde no trabalho que visam à prevenção e controle de riscos de acidentes e doenças no trabalho.

Ao analisarmos o modo de gestão na empresa, como refere *Chanlat* (1996), podemos verificar o modo de gestão prescrito (abstrato, formal, estático) e o modo de gestão real (concreto, informal e dinâmico). O conjunto dessas práticas administrativas colocadas em execução pela direção de uma empresa tem repercussão sobre a Saúde e Segurança no Trabalho — SST.

Com base nos argumentos desse autor, o quadro 4 apresenta as relações entre os principais métodos de gestão contemporâneos e suas relações com a saúde e segurança no trabalho, ressaltando que todo método de gestão sofre influências de fatores externos (globalização; contextos político, econômico, social e cultural; concorrência) e internos (estratégia, recursos, tipo de pessoal, tecnologia, cultura, história, tradições, personalidades dos dirigentes, como alguns exemplos).

Quadro 4: modos de gestão e alguns efeitos sobre saúde e segurança no trabalho, segundo *Chanlat*

Modos de Gestão	Características	Efeitos sobre SST
I — Tayloriano ou neotayloriano	Divisão do trabalho muito fragmentada Produção sob premência de tempo Rigidez de horários Tarefas repetitivas Divisão entre concepção e execução Remuneração por rendimento Trabalhadores são engrenagens da máquina de produção	Fadiga crônica Úlceras Problemas cardiovasculares Doenças musculoesqueléticas Insônia Depressão Neuroses Acidentes de trabalho
II — Tecnoburocrático	Divisão do trabalho parcelada Regulamentação escrita onipresente Definição precisa de tarefas Rigidez normativa Centralização do poder Pressão orçamentária A empresa é uma máquina racional	Esgotamento profissional *Burn out* Problemas cardiovasculares Fadiga crônica Úlceras Estresse Depressão
III — Da Excelência ou da Qualidade Total	Supertensão permanente Imagem de poder total e de invulnerabilidade Adaptabilidade e desafio permanentes Onipotência tecnológica Valorização e reconhecimento Individualização dos desempenhos	Esgotamento profissional Burn out Problemas cardiovasculares Úlceras Insônia Enxaqueca Suicídio, depressão *Karoshi*

Modos de Gestão	Características	Efeitos sobre SST
	Exige o comprometimento total Superação de si mesmo	Negação do risco de acidentes
IV — Participativo	Reorganização do trabalho e das tarefas Democratização do escritório Reconhecimento real do saber e da experiência adquirida Flexibilidade, autonomia	Redução dos riscos em SST Ergonomia participativa Criação de espaços de palavra e diálogo Eqüidade no trabalho, a longo prazo Melhor clima de trabalho

Os profissionais da saúde podem utilizar, portanto, entre outras, uma ferramenta denominada história ocupacional para *compreender os impactos dos fatores externos* ligados à economia globalizada, às novas tecnologias de produção, às novas formas de organização do trabalho, acordos internacionais do trabalho, às políticas públicas, à legislação ambiental e de segurança e saúde no trabalho, aos sistemas de gestão implantados e *analisar seus reflexos e seus efeitos sobre a saúde e segurança no trabalho.*

Considerando-se a *compreensão dos fatores internos,* para a prevenção das doenças relacionadas ao trabalho, no âmbito das empresas, podemos utilizar os quatro níveis de prevenção preconizados pela Organização Mundial da Saúde — OMS, os quais correspondem a diferentes fases do desenvolvimento da doença (*Beaglehole et al.*, 1996).

O quadro 5 apresenta os níveis de prevenção baseados na proposta da OMS, as intervenções ambientais ou individuais sugeridas como medidas preventivas e sua vinculação com as Normas Regulamentadoras de Segurança e Medicina do Trabalho do Ministério do Trabalho e Emprego e com a legislação da Previdência Social no Brasil (Lei n. 8.213/91).

Quadro 5: níveis de prevenção segundo a OMS, intervenções sugeridas e legislação brasileira aplicada

Nível de Prevenção — OMS	Intervenções sugeridas	Legislação aplicada
Prevenção primordial	Eliminação da condição ou fator de risco	NR-2 — inspeção prévia (raramente incentivada) NR-9 — PPRA fase de antecipação (raramente incentivada)

Nível de Prevenção — OMS	Intervenções sugeridas	Legislação aplicada
Prevenção primária	Monitorização ambiental do fator de risco Redução do fator de risco (proteção coletiva) Redução da exposição (proteção individual) Educação em saúde	NR-9 — PPRA fases de reconhecimento, de avaliação e de controle de riscos ambientais NR-15 Anexo 13 A NR-6 — EPI NR-5 — CIPA NR-7 — PCMSO
Prevenção secundária	Rastreamento, monitorização biológica, exames médicos e exames complementares	NR-7 — PCMSO
Prevenção Terciária	Vigilância da saúde Emissão da CAT Habilitação e reabilitação profissional	NR-7 — PCMSO NR-15 Anexo 13 à IN n. 2 Lei n. 8.213/91, art. 22 Lei n. 8.213/91 Arts. 89, 90, 91, 92, 93

A prevenção das doenças relacionadas ao trabalho é, conforme Haar e Goelzer (2001), uma ação antecipada que procura prever os riscos potenciais para a saúde provenientes dos processos de trabalho, máquinas, ferramentas, materiais (incluindo estudos da higiene ocupacional, toxicologia) e tomar as medidas necessárias para preveni-los, ainda nas etapas de planejamento, desenho ou de seleção. Para esses autores, uma segunda fase, a do reconhecimento, procura identificar os agentes e fatores perigosos, reais ou potenciais, nos locais de trabalho, assim como os possíveis efeitos adversos que podem causar na população trabalhadora exposta. Por esse motivo, é necessário realizar, entre outros, estudos sobre os processos industriais e as matérias-primas que se usam, realizar visitas às empresas, bem como obter informação por parte dos trabalhadores e gerentes sobre os possíveis riscos existentes.

A contribuição da ergonomia segundo *Guérin et al.* (1997), é fundamentalmente a de transformar o trabalho, finalidade primeira da ação ergonômica. Para o ergonomista, essa transformação deve ser realizada de forma a contribuir para a concepção de situações de trabalho que não alterem a saúde dos operadores e nas quais estes possam exercer suas competências, ao mesmo tempo num plano individual e coletivo, e encontrar possibilidades de valorização de suas capacidades.

A toxicologia, em parceria com higiene ocupacional, pode contribuir para a *prevenção primordial*, pressionando o banimento e a exclusão do uso de substâncias nocivas à saúde (amianto, outras substâncias cancerígenas, benzeno na composição de *thinners*, colas e produtos acabados, operações de jateamento de areia, agrotóxicos) e, no âmbito da *prevenção primária*, pode sugerir a estratégia da substituição de produtos por outros menos tóxicos, além da identificação e validação de novos indicadores para o monitoramento biológico da exposição química ocupacional.

As contribuições da epidemiologia ocupacional, ao estudar a distribuição e os determinantes das doenças e dos eventos relacionados com o processo saúde-doença na população trabalhadora, auxilia a prevenção mediante ações que visam melhor descrever as doenças relacionadas ao trabalho, investigar as causas das doenças e acidentes de trabalho, medir riscos, estabelecer limites de exposição ocupacional, estabelecer e validar indicadores biológicos de exposição, determinar prioridades para a intervenção nos locais de trabalho e avaliar a eficácia das intervenções, dos programas de saúde e das medidas preventivas e de controle.

Os usos da epidemiologia relacionados ao planejamento e organização de serviços de saúde e à avaliação das tecnologias, programas e serviços, encontram inserção e necessitam ser incentivados no campo da epidemiologia ocupacional.

A saúde do trabalhador possui interfaces históricas com o desenvolvimento da medicina social e da epidemiologia. Tendo em vista seus múltiplos usos, a epidemiologia constitui base para a saúde pública, fundamental para a higiene ocupacional e à medicina do trabalho, essencial no reconhecimento das doenças relacionadas ao trabalho, criteriosa quanto ao delineamento, amostra, mensuração, análise e interpretação de pesquisas e trabalhos científicos.

Para *Hernberg* (1995), as manifestações evidentes e clássicas das enfermidades ocupacionais têm sido cada dia menos freqüentes, ganhando atenção e preocupação os efeitos subclínicos ou a longo prazo das exposições ocupacionais. Em conseqüência, essas manifestações não são específicas e, sob o enfoque clínico centrado no indivíduo, nem sempre podem ser relacionadas com uma determinada exposição ou com uma combinação de exposições. Estabelecer uma relação causa-efeito entre a manifestação de uma enfermidade e uma exposição ocupacional requer estudo de um grupo de indivíduos e às vezes, de extensas populações. Portanto, é necessário o enfoque epidemiológico que inclusive está previsto na legislação brasileira (subitem 7.2.2 da NR-7 — PCMSO), ao referendar a epidemiologia para a prevenção (seja na profilaxia, impedindo o aparecimento da doença ocupacional, seja no controle, reduzindo a sua morbidade), ou para o planejamento das ações de saúde (administração em saúde) com base no subitem 7.4.6 da NR-7, ou na avaliação dos serviços de saúde (cobertura, impacto) e relatório anual do programa de controle médico de saúde ocupacional com base no subitem 7.4.6.1 da NR-7.

CAPÍTULO 4

DIAGRAMA DE CAUSA E EFEITO: CONSTRUINDO O NEXO CAUSAL

"Pelo trabalho se conhece o trabalhador." (La Fontaine)

Na realidade, a relação entre o trabalho (causa) e a doença (efeito) ou seja, o *nexo causal* comporta uma *causalidade tríplice* e que se entrelaça: *do exercício do trabalho com a doença, desta com a lesão ou a perturbação funcional* (sinais, sintomas, alterações ou disfunções em sistemas orgânicos) *e destas com a incapacidade laborativa* (total ou parcial, temporária ou indefinida, uniprofissional, multiprofissional, oniprofissional) *ou com o óbito do trabalhador.*

Para o trabalhador filiado à Previdência Social, o nexo causal ensejará alternativas como a percepção de benefícios e serviços, tais como a concessão de auxílio-doença chamado acidentário, auxílio-acidente, reabilitação profissional, aposentadoria por invalidez.

Para a Previdência Social, a ocorrência de incapacidade laborativa em decorrência de doenças relacionadas ao trabalho, poderá ensejar as ações regressivas, ainda escassamente propostas, sem prejuízo de ações civis contra os responsáveis pelos danos à saúde dos trabalhadores.

Para o Ministério do Trabalho e Emprego, o diagnóstico de doença relacionada ao trabalho ensejará, ainda que tardiamente, a obrigação de as empresas adotarem medidas necessárias e suficientes para a eliminação, a minimização ou o controle dos riscos quando, através do controle médico da saúde, ficar caracterizado o nexo causal entre danos observados na saúde dos trabalhadores e a situação de trabalho a que eles ficam expostos, conforme subitem 9.3.5.1, alínea *d* da Norma Regulamentadora n. 9 — PPRA.

Havendo a constatação de doença relacionada ao trabalho, ou do seu agravamento, os programas de atenção à saúde do trabalhador, previstos nas Normas Regulamentadoras do Ministério do

Trabalho e Emprego e adotados pelas empresas deveriam passar por reformulação e reorientação, buscando preferentemente a prevenção primordial.

Como subproduto, tal constatação ainda poderia subsidiar cláusulas em acordos ou negociações coletivas que avançassem no sentido da eliminação de riscos ocupacionais, da promoção da saúde, das intervenções nos ambientes de trabalho e na organização do trabalho.

Para o Ministério da Saúde a vigilância da saúde do trabalhador ensejará o planejamento de ações preventivas e curativas e a otimização dos sempre escassos recursos destinados à saúde pública, desde que conhecidas a prevalência e a incidência das doenças.

No artigo 336 do Decreto n. 3.048, de 6 de maio de 1999, a Previdência Social estabelece que, para fins estatísticos e epidemiológicos, a empresa deverá comunicar o acidente de trabalho ocorrido com o segurado empregado, exceto o doméstico, o trabalhador avulso, o segurado especial e o médico residente. Também determina que na falta de comunicação por parte da empresa, podem formalizá-la o próprio acidentado, seus dependentes, a entidade sindical competente, o médico que assistiu ao trabalhador ou qualquer autoridade pública, não prevalecendo, nesses casos, o prazo previsto: até o primeiro dia útil seguinte ao da ocorrência e, em caso de morte, de imediato.

O artigo 337 do mesmo Decreto, atribui à perícia médica do Instituto Nacional do Seguro Social o reconhecimento técnico do nexo causal entre o acidente e a lesão, ou entre a doença e o trabalho ou entre a *causa mortis* e o acidente. Verifica-se ainda que consta do formulário padronizado para a comunicação do acidente de trabalho a obrigatoriedade da comunicação mesmo nos casos em que não haja afastamento do trabalho, como ocorre, exemplificativamente, com os acidentes com material biológico que atingem os profissionais da saúde (feridas punctórias ou pérfuro-incisas).

A Previdência Social considera como dia do acidente, em caso de doença profissional ou do trabalho, a data do início da incapacidade laborativa para o exercício da atividade habitual, ou o dia da segregação compulsória, ou o dia em que for realizado o diagnóstico, valendo para este efeito o que ocorrer primeiro conforme o art. 23 da Lei n. 8.213/91.

O Ministério da Saúde, ao se pronunciar sobre o estabelecimento da relação entre dano ou doença e o trabalho, nos informa que "a decisão quanto à existência de relação causal entre uma doença diagnosticada ou suspeita e uma situação de trabalho ou ambiental é considerada por *Dembe* (1996) como processo social. Segundo *Desoille, Sherrer* & *Truhaut* (1975), a comprovação deve basear-se em argumentos que permitam a sua presunção, sem a existência de prova absoluta. A noção de presunção na legislação de diferentes países visou a beneficiar o trabalhador e a evitar discussões intermináveis sobre essas relações".

O quadro 6 apresenta *diretrizes para o estabelecimento do nexo causal* entre a doença e o trabalho, sob o prisma do Ministério da Saúde do Brasil (2001), desde que as *respostas sejam positivas à maioria das questões*:

Quadro 6: questões propostas pelo Ministério da Saúde do Brasil para o estabelecimento do nexo causal entre o trabalho e a doença

1. Natureza da exposição: o agente patogênico pode ser identificado pela história ocupacional e/ou pelas informações colhidas no local de trabalho e/ou de pessoas familiarizadas com o ambiente ou local de trabalho do trabalhador?
2. Especificidade da relação causal e a força da associação causal: o agente patogênico ou o fator de risco pode estar contribuindo significativamente entre os fatores causais da doença?
3. Tipo de relação causal com o trabalho: de acordo com a classificação de *Schilling*, o trabalho é considerado causa necessária (Tipo I)? Fator de risco contributivo de doença de etiologia multicausal (Tipo II)? Fator desencadeante ou agravante de doença preexistente (Tipo III)?

   No caso de doenças relacionadas ao trabalho, do tipo II, as outras causas, não-ocupacionais, foram devidamente analisadas e hierarquicamente consideradas em relação às causas de natureza ocupacional?
4. Grau ou intensidade da exposição: é compatível com a produção da doença?
5. Tempo de Exposição: é suficiente para produzir a doença?
6. Tempo de latência: é suficiente para que a doença se instale e manifeste?
7. Registros anteriores: existem registros quanto ao estado anterior de saúde do trabalhador? Em caso positivo, esses contribuem para o estabelecimento da relação causal entre o estado atual e o trabalho?
8. Evidências epidemiológicas: existem evidências epidemiológicas que reforçam a hipótese de relação causal entre a doença e o trabalho presente ou pregresso do segurado?

Na discussão e no estudo da causalidade, ou seja, da relação de causa e efeito, o termo *causa* é usualmente entendido sob títulos como *etiologia, patogênese, mecanismos ou fatores de risco*, conforme descrito no trabalho de *Fletcher, R., Fletcher S.* e *Wagner* (1996). Para esses autores as características que estão associadas a um maior risco de adoecer são chamadas de *fatores de risco.*

O termo risco indica a probabilidade e a severidade ou magnitude de um dano à saúde, ao meio ambiente ou ao patrimônio.

O verbete chamado *causa*, na obra de *Ferreira* (1975), é aquilo ou aquele que faz que uma coisa exista, ou ainda razão, motivo, origem. O estabelecimento da causa, na prática clínica, é importante para conduzir ações em prevenção, diagnóstico e tratamento. Quando nos referimos ao diagnóstico de doenças infecciosas, procuramos uma causa única, melhor entendida como a causa necessária (a bactéria, o vírus ou o microorganismo), sem a qual não poderia existir a doença. Porém, para confirmarmos o diagnóstico da maioria das doenças, buscamos a compreensão de muitos fatores que atuam em conjunto na causação dessa doença, ou seja, procuramos uma rede de causalidade, incluindo a causa necessária (causa imprescindível, sem a qual a doença não ocorre) e a causa suficiente (aquela que inevitavelmente produz ou desencadeia uma doença, via de regra compreendendo vários componentes, tendo entre seus determinantes uma causa necessária como componente).

Como afirmam *Beaglehole, Bonita* e *Kjellstrom* (1996) utilizamos princípios e julgamentos para estabelecer a causa das doenças, onde a inferência causal (especialmente com base na epidemiologia) é um processo através do qual se busca determinar se as associações observadas são provavelmente causais ou não. Segundo esses autores, a *causa* de uma doença é um evento, uma condição, uma característica ou uma combinação desses fatores que desempenham um papel importante na sua determinação, e referenciam quatro tipos de fatores com papel relevante na causalidade das doenças, todos eles podem ser necessários mas, raramente, suficientes para causar uma doença:

Fatores predisponentes — representados pela idade, gênero, doenças prévias, criando um estado de suscetibilidade para um agente da doença.

Fatores facilitadores — representados pela condição socioeconômica e baixa renda, nutrição deficiente, precárias condições de moradia, cuidados médicos inadequados que favorecem o desenvolvimento da doença.

Fatores precipitantes — representados pela exposição a um agente específico ou a um agente nocivo que podem estar associados ao início de uma doença.

Fatores reforçadores — representados pela exposição continuada e repetida que podem agravar uma doença já estabelecida.

Fletcher e colaboradores afirmam que em medicina clínica não é possível provar relações causais sem deixar qualquer dúvida, sendo possível apenas aumentar a convicção de uma relação de causa e efeito, com base em evidências empíricas, até o ponto em que, para todos os efeitos, a causalidade fique estabelecida. Referem também que os elementos que fortalecem o argumento para uma relação de causa e efeito são:

a) relação temporal apropriada;

b) força da associação entre suposta causa e efeito;

c) existência de relação dose-resposta;

d) queda no risco com a remoção da causa proposta;

e) consistência dos resultados de muitos estudos;

f) plausibilidade biológica e analogia com fatos conhecidos são elementos que também favorecem a causalidade.

Devido às dificuldades na elucidação da causalidade, o processo de elaboração do diagnóstico busca encontrar, em conseqüência, informações causais nem sempre tão específicas, daí a necessidade de estudar fatores de risco, também denominados condições de risco.

No campo da saúde do trabalhador, a elucidação da causalidade estuda habitualmente os fatores de risco de natureza física, química, biológica, ergonômica, psicológica e socioeconômica. Exposição ocupacional a um desses fatores de risco significa que um trabalhador, antes de adquirir a doença, esteve em contato com esse fator. Exposição diz respeito à forma de contato, ou via de absorção ou de penetração desse fator de risco, podendo ocorrer em um único momento no tempo (exposição pontual ou aguda, como ocorre por exemplo nos ferimentos com objetos perfurantes em hospitais ou em decorrência de acidentes com vazamento de um gás ou vapor tóxico em unidades químicas) ou durante um longo período de tempo (exposição subaguda ou crônica, como ocorre na exposição continuada a solventes de tintas ou à sílica na indústria de transformação, ou a produtos da aplicação de asfalto nas rodovias).

As expressões *fator de risco* ou *condição de risco* são usualmente utilizadas para identificar e descrever fatores que estão *associados positivamente com o risco de desenvolver uma doença.*

Quando efetuamos contato com o paciente (trabalhador), na prática clínica, procuramos definir o perfil geral do problema mediante as seguintes perguntas, aplicando a medicina baseada em evidências, citadas por *Silva* e *Drummond*, 1998:

a) o que o levou a buscar cuidados médicos?

b) quais são os dados relevantes da história clínica (*e acrescentamos, da história ocupacional e da história social*) e do exame físico?

c) quais as possíveis causas, conseqüências, evolução, cura potencial e cuidados cabíveis no caso?

A seguir, esses autores recomendam fazer o questionamento sobre:

a) que tipo de decisão precisa ser tomada?

b) o que pode ser mudado na abordagem atual?

c) o que está ainda indefinido?

Uma vez descrito o contexto do paciente e seu problema, recomendam ainda seguir com o que denominam mapeamento da questão clínica, vislumbrando-se vários enfoques que devem ser dados ao problema, entre eles:

a) diagnóstico: utilização de testes diagnósticos;

b) prognóstico: história natural da doença;

c) tratamento: intervenções terapêuticas disponíveis;

d) prevenção: medidas para diminuir a incidência da doença e suas complicações;

e) risco: fatores associados com a doença;

f) etiologia: causas da doença;

g) custo: gastos com diagnóstico, prevenção e tratamento da doença.

Continuando o estímulo à medicina baseada em evidências, os autores propõem o enfoque nos diferentes tipos de estudos oferecidos pela epidemiologia (estudos de coorte, de casos-controle, entre outros), a pesquisa bibliográfica e sua avaliação crítica de sua evidência e encerram o processo com a tomada de decisão quanto à questão clínica.

Além da questão clínica, individualizada, como processo de construção social, as decisões também necessitam repercutir sobre o coletivo dos trabalhadores, sobre o ambiente de trabalho, freqüentemente nocivo, perigoso, insalubre e sobre a organização do trabalho, freqüentemente penosa, raiz do problema, causa mais profunda e, portanto, cerne da questão geradora de efeitos deletérios à saúde do trabalhador. Como afirma *Ribeiro* (1997), existem três dimensões indissociáveis na determinação das doenças: a *dimensão social*, mais abrangente, a *dimensão do trabalho* representada pela internalidade do processo e da organização do trabalho e a *dimensão individual*, representada pelo modo de cada um sentir e refletir o mundo.

AUXILIANDO A ELABORAR O NEXO CAUSAL

Para os profissionais da saúde, o árduo exercício da elaboração e da construção do nexo causal entre doença e trabalho pode utilizar um conjunto de variáveis que, em caráter apenas pictórico, apresentamos e sugerimos como diagrama de causa e efeito, em forma de espinha-de-peixe. Esse diagrama lembra o tipo inventado por *Kaoru Ishikawa* e que denominamos diagrama de nexo causal, resumido na figura 4. Trata-se, simplesmente, da representação gráfica de um rol de variáveis ou condições que apontam para um problema de saúde ocupacional.

No estudo da causalidade, os fatores ocupacionais, ambientais e individuais, embora analisados isoladamente a partir do instrumental clínico-epidemiológico, necessitam ser contextualizados, pois sofrem influências recíprocas, mediatizados pelo meio ambiente político, socioeconômico e cultural. Portanto, apesar desse diagrama esboçar didaticamente a dimensão trabalho e a dimensão biológica (que escassamente têm sido integradas, haja vista a baixíssima incidência de doenças ocupacionais documentadas no país), não se pode excluir a hegemônica dimensão social, a historicidade, a cultura e o contexto político nesse estudo de nexo causal.

Para compreendermos as repercussões do trabalho sobre a saúde e sobre o processo de adoecimento do trabalhador, partimos da busca do entendimento do processo produtivo e da organização do trabalho impostos no cenário da empresa tomadora de seu labor. A descrição do processo de trabalho, ou seja, o objeto, a tecnologia e as tarefas prescritas ao trabalhador estão previamente definidas, num contexto sociotécnico que inclui cargo, função, plano de carreira, relações sociais no trabalho, remuneração, jornada de trabalho, pausas, ritmo, cadência, modos operatórios, as cargas de trabalho e as condições de trabalho (ambiente físico, psicológico, social, econômico e cultural da organização).

Desde o momento da concepção do trabalho, passando pelo recrutamento e seleção, os critérios utilizados pela empresa já nos apontam as características do perfil do candidato (indivíduo jovem ou maduro, inexperiente ou experiente, especialista ou generalista, destinado ao trabalho prescrito com maior ou menor exigência ou demanda intelectual ou física, vale dizer, já são previamente definidos: faixa etária do trabalhador, gênero, condição física, formação, personalidade, entre outras variáveis) e o tipo de relação de emprego e de trabalho a ser proposto (formal ou informal, empregado, autônomo, terceirizado, cooperativado, avulso, entre outros).

Uma vez formalizado legalmente o processo de admissão do trabalhador-empregado, ele passa por um exame médico admissional e é registrado, sendo anotada sua condição de empregado na Carteira do Trabalho e Previdência Social, vinculando-se, portanto, à previdência social.

O instrumento de registro de empregados, embasado no artigo 41 da Consolidação das Leis do Trabalho é efetuado mediante um conjunto de livros, fichas ou arquivos eletrônicos, sob a guarda do empregador. O registro de empregados contém anotações de admissão, jornada de trabalho, férias, acidentes e doenças do trabalho, entre outras. A anotação na Carteira do Trabalho e Previdência Social, mantida sob a guarda do trabalhador, também serve de prova de sua vida laboral, estando inclusos, ainda que suscintamente, os históricos de seus vínculos empregatícios. Além dessas memórias, também existem, no país, outras bases de dados governamentais com informações sobre os trabalhadores: CAGED — Cadastro Geral de Empregados e Desempregados, RAIS — Relação Anual de Informações Sociais e SEFIP — Sistema Empresa de Recolhimento do Fundo de Garantia por Tempo de Serviço e Informações à Previdência Social. Todavia, fica evidente que a população laboral sujeita à informação, nesses sistemas, não contempla o enorme contingente da força de trabalho que não possui registro e que não tem vínculo empregatício (trabalho informal). As histórias de vida no trabalho dessa fração informal estão fragmentadas, incompletas ou habitualmente ausentes dos registros públicos ou privados.

Como afirmam *Beaglehole, Bonita* e *Kjellstrom*, nesse momento, em epidemiologia ocupacional, configura-se um importante viés de seleção chamado "efeito do trabalhador sadio": os trabalhadores devem ser suficientemente saudáveis para executarem suas funções, os mais doentes ou incapacitados não chegam a ser admitidos no emprego, indicando que a população trabalhadora tem uma menor morbidade e mortalidade do que a população como um todo, tendo em vista que a maioria dos grupos expostos é relativamente saudável, pelo menos quando no início de sua atividade profissional (e isso normalmente é ou deveria ser registrado na anamnese ou história clínico-ocupacional, servindo essa condição de saúde admissional como parâmetro para futuras comparações).

Na abordagem do diagrama, estudamos as fontes dos fatores ou condições de risco. Um instrumento legal, previsto no subitem 9.3.3 da Norma Regulamentadora n. 9 — PPRA — auxilia-nos a reconhecer os riscos ambientais e pode ser resumido conforme o quadro 7:

Quadro 7: itens para o reconhecimento dos riscos ambientais, baseados no PPRA — NR-9

Identificação do fator de risco	Determinação e localização das fontes geradoras	Identificação das trajetórias e meios de propagação no ambiente de trabalho	Funções e número de trabalhadores expostos	Caracterização das atividades e tipo de exposição	Dados sobre comprometimento da saúde e a carga de doença já existente na empresa	Possíveis danos à saúde relacionados aos riscos identificados	Medidas de controle existentes na empresa

Em acréscimo, para a identificação dos fatores de risco, propomos a utilização e o preenchimento do quadro 8, através de uma abordagem qualitativa. Trata-se de registrar as percepções de riscos de natureza física, química, biológica, ergonômica e psicológica, explicitadas pelos trabalhadores em suas atividades ou setores de trabalho:

Quadro 8: fatores de risco de natureza física, química, biológica e ergonômica presentes na atividade ou setor de trabalho, segundo a percepção do trabalhador

Atividade ou setor de trabalho	VIBRAÇÕES	ELETRICIDADE	RADIAÇÕES	CALOR	FRIO	UMIDADE	PRESSÕES	ILUMINAMENTO	RUÍDO	GASES	VAPORES	POEIRAS	FUMOS	NÉVOAS	SOLVENTES	BIOLÓGICOS	ERGONÔMICOS	PSICOLÓGICOS
Setor x																		

A seguir estudamos a exposição ocupacional a esses fatores ou condições de riscos. Há muitas variáveis que podem ser utilizadas para caracterizar a intensidade da exposição ou de contato com um fator de risco: exposição única e isolada, exposição habitual e permanente, dose atual, dose acumulada total, maior dose, duração da exposição, freqüência da exposição, anos de exposição, anos desde o primeiro contato, via de contato (respiratória, cutâneo-mucosa, digestiva, parenteral, aérea, óssea, social etc.).

Quando conseguimos documentar e validar a exposição ocupacional a algum fator de risco, acabamos de construir um padrão-ouro para sustentar a impressão clínica sobre um provável diagnóstico de doença relacionada ao trabalho, pois estamos agregando informação e evidência de características que estão associadas a um maior risco de adoecimento dos trabalhadores.

Quando a dose ambiental, também conhecida como dose externa, é conhecida ou corretamente estimada, acabamos de construir um segundo padrão-ouro, pois a máxima "a dose faz o veneno" aplica-se virtualmente a quaisquer situações, conforme citam *Bowler* e *Cone* (2001). Necessário alertar, todavia, que mesmo doses muito baixas podem ter efeitos adversos por gerarem, por exemplo, hipersensibilidade (asma ocupacional), como é o caso da exposição ocupacional ao diisocianato de tolueno, devido à manipulação de tintas ou ao emprego de poliuretanos, sendo capaz de sensibilizar trabalhadores na faixa de parte por bilhão (ppb).

Historicamente, muitos países e organizações governamentais e privadas vêm divulgando os chamados limites de exposição ocupacional ou limites de exposição permissíveis para locais e atividades de trabalho. O Brasil adota limites de tolerância — LT, boa parte deles em franca permissividade, acarretando prejuízo à saúde do trabalhador, devido à não atualização da Norma Regulamentadora n. 15 da Portaria MTb n. 3.214, de 8 de junho de 1978.

Tais limites de exposição referem-se às concentrações ou intensidades que se acredita que *a maioria dos trabalhadores* possa estar exposta, repetidamente, sem sofrer danos à sua saúde. *Não constituem prova ou contestação da existência de uma doença* ou de uma condição física, não são uma linha divisória entre concentrações seguras e perigosas, nem representam um índice de toxicidade relativa, conforme a Associação Brasileira de Higienistas Ocupacionais divulga em sua tradução dos Threshold Limit Values — TLV's e Biological Exposure Índices — BEI's originalmente publicados pela American Conference of Governmental Industrial Hygienists — ACGIH (2003). Divulga ainda que uma pequena porcentagem de trabalhadores pode experimentar um desconforto com relação a certas substâncias, em concentrações iguais ou inferiores aos limites de exposição; uma menor porcentagem poderia ser mais seriamente afetada por agravamento de uma condição preexistente ou pelo desenvolvimento de uma doença ocupacional. Além disso, esses limites referem-se apenas à concentração de agentes químicos dispersos no ar, válidos apenas para a absorção via aérea, sem considerar que algumas substâncias químicas podem penetrar pela pele intacta.Portanto, tais limites de exposição ocupacional são propostos como *guia ou recomendação no controle dos riscos potenciais à saúde*.

Segundo a legislação brasileira, são adotadas essas recomendações da ACGIH quando inexiste limite de tolerância previsto na Norma Regulamentadora n. 15 já citada, de conformidade com o subitem 9.3.5.1, alínea *c* da Norma Regulamentadora n. 9, com redação dada pela Portaria n. 25, de 29.12.94 (DOU de 30.12.94).

Condições ambientais de trabalho em que a concentração ou intensidade de aerodispersóides ou de gases ou vapores, ou de calor ou ruído, entre outros agentes, *excede os limites permitidos* (valor máximo ou valor teto ultrapassados) caracterizam *situação de risco grave e iminente à saúde e à integridade do trabalhador*, acarretando a imediata interdição do estabelecimento, setor de serviço, máquina ou equipamento, por força da Norma Regulamentadora n. 3 do Ministério do Trabalho e Emprego.

Prosseguindo a análise das variáveis propostas no diagrama de causa e efeito, cabe averiguar a existência e a eficácia das medidas de proteção nos ambientes de trabalho, obedecendo-se a uma *escala hierárquica* dos métodos de controle, ou seja, *medidas de controle* sobre as *fontes de risco* (substituição de materiais; alterações no processo; enclausuramento; isolamento; adoção de métodos úmidos; ventilação local exaustora; programa de manutenção adequado), *sobre a trajetória* (ventilação geral exaustora; suprimento de ar; aumento da distância entre a fonte e o receptor; monitoramento contínuo de área; ordem, conservação e limpeza; ventilação geral diluidora) e, por derradeiro, a *proteção individualizada ao trabalhador* (formação; treinamentos; educação continuada; capacitação; informação periódica sobre riscos e seus meios de controle; cabinas de proteção individual; ordens de serviço, normas e procedimentos seguros de trabalho; supervisão do trabalho; permissão para trabalhos específicos como em espaços confinados ou trabalhos a quente, por exemplo; dosimetria individual; equipamentos de proteção individual).

Por ocasião dos exames médicos admissionais, periódicos, demissionais, de mudança de função ou de retorno ao trabalho, a história clínica e o exame físico e mental devem acontecer obrigatoriamente e já estão incorporados à boa prática da medicina do trabalho. Adicionalmente, resta incorporar, sempre, a anamnese ou história ocupacional, principal instrumento para viabilizar o diagnóstico das doenças relacionadas ao trabalho.

As queixas, desconfortos, os sinais e sintomas de doença manifestada pelo trabalhador devem ser relacionados à evolução temporal e sua possível vinculação com situações de trabalho ou com exposições ocupacionais a fatores de risco, com períodos de sobrecarga de trabalho (horas extras, redução do quadro funcional), alterações no processo de trabalho, nova organização do trabalho imposta pela empresa.

Cabe lembrar que podem existir fatores de risco ocultos, escondidos, não identificados pelos trabalhadores, pelos profissionais da área de segurança e medicina do trabalho ou pelos dirigentes da empresa, representados pelos subprodutos ou reações químicas com formação acidental de agentes nocivos, impurezas de produtos, decomposição térmica, queima de combustíveis, como nos ensina *Goelzer* (1999).

Não há sintomas relatados pelos trabalhadores que possam ser considerados patognomônicos de doenças relacionadas ao trabalho. Vale dizer, em nada diferem de sintomas causados por outras patologias de origem não ocupacional.

É necessário conjugar os sinais e sintomas apresentados pelo trabalhador com a história de vida laboral, com a exposição ocupacional a fatores de risco, com os resultados de exames complementares quando necessários, e com a literatura atualizada. Não raras vezes, a abordagem epidemiológica fala mais alto em favor da patologia de origem ocupacional, especialmente com elementos que fortalecem o argumento para uma relação de causa e efeito, como a relação temporal apropriada, a força da associação entre suposta causa e efeito (risco relativo), a existência da relação dose-resposta, e a associação reversível em que a remoção de um fator resulta em uma diminuição no risco da doença, repousando, portanto a defesa da causalidade no delineamento da pesquisa epidemiológica.

O monitoramento biológico auxiliará a estimar a dose interna ou dose absorvida, biodisponível ou acumulada. Escassos indicadores biológicos de exposição estão validados pela toxicologia, em contraste com inúmeros agentes químicos que apresentam limites de exposição fixados pela higiene ocupacional. Quando são ultrapassados os índices biológicos máximos permitidos, acabamos detectando um terceiro padrão-ouro, especialmente para aqueles indicadores de efeito com significado clínico e toxicológico que indicam fortemente intoxicação profissional.

O quadro 9 introduz um estudo comparativo entre o monitoramento ambiental — MA e o monitoramento biológico — MB, enfatizando alguns contrastes:

Quadro 9: comparação entre monitoramento ambiental e biológico

Variável	Monitoramento ambiental	Monitoramento biológico
Dose	Externa	Interna
Relação da dose com estimativa do risco à saúde	Menos diretamente relacionada	Mais diretamente relacionada

Variável	Monitoramento ambiental	Monitoramento biológico
Relação da dose com efeitos adversos à saúde	Menos diretamente relacionada	Mais diretamente relacionada
Relação com vias de absorção do organismo	Apenas via aérea	Via aérea, cutâneo-mucosa e/ou digestiva
Avaliações de picos de exposição	Indicada	Raramente indicada
Número de agentes monitorados	Mais de 600 (ACGIH)	Cerca de 60 (ACGIH)
Expressão das concentrações máximas permitidas	Limites de exposição ocupacional — LEO, limites de tolerância — LT	Índices biológicos máximos permitidos "limite de tolerância biológica" — IBMP, LTB
Unidades expressas nos resultados das avaliações	ppm, mg/m³, %, ppb	mg/g ou g/g de creatinina, %, mg/100 ml de sangue
Confidencialidade dos resultados	Não, pois devem ser comunicados aos empregadores e trabalhadores	Sim, pertencem ao trabalhador e ao seu médico assistente
Relação com exposições extralaborativas	Não, pois a avaliação é realizada no ambiente de trabalho	Pode ocorrer contaminação extralaboral
Relação com legislação do Ministério do Trabalho e Emprego	Prevista na NR-15 Prevista na NR-9	Prevista na NR-7
Estratégia de amostragem	Coletiva ou individual, Grupo homogêneo de exposição	Individual, Grupo homogêneo de exposição
Participação dos trabalhadores	Necessária a colaboração para esclarecer picos de produção e referendar atividade com exposição mais significativa	Necessária a colaboração para o correto andamento do programa de monitoramento biológico e coleta da amostra

O monitoramento ambiental e o monitoramento biológico não devem ser vistos como mutuamente exclusivos; porém como métodos integrados e complementares. Para *Lauwerys* e *Hoet* (1993) o monitoramento biológico é vantajoso em relação ao ambiental para avaliar a dose interna e conseqüentemente estimar o risco à saúde, além de oferecer uma melhor estimativa do risco, pois a maior vantagem reside no fato de que o parâmetro biológico de exposição está mais diretamente relacionado com os efeitos adversos à saúde que os profissionais tentam prevenir e controlar. Afirmam também esses autores que o monitoramento ambiental, acusando qualquer concentração no ar, ainda que dentro dos limites de tolerância preconizados, não pode, necessariamente, prevenir uma absorção excessiva pelos trabalhadores expostos.

Quanto ao monitoramento biológico, chamam a atenção para o fato de que esse parâmetro avalia a exposição total, independente da via de absorção; portanto apresenta a vantagem de ser usado para testar a eficiência de medidas de proteção como luvas, máscaras com filtros, cremes de proteção, sem esquecer que o organismo integra a exposição total (atividades laborativas e extralaborativas, lazer, tabagismo, hábitos dietéticos, medicamentos consumidos) refletida na carga corporal interna.

Ao selecionarmos o momento da amostragem para o monitoramento biológico, é indispensável considerar o processo de trabalho (picos de produção, manutenção), a organização do trabalho (modos operatórios, horas extras, pausas), além das possíveis vias de absorção, distribuição, biotransformação, acumulação e eliminação do agente químico. Caso sejam conhecidos os efeitos da dose interna e as relações dose-resposta, o monitoramento biológico permitirá uma avaliação direta do risco à saúde e a implementação da prevenção de efeitos adversos, pois de fato será possível obter um valor-limite de exposição biológica. Porém, para muitos agentes químicos a relação dose-resposta é insuficiente e o limite de exposição biológica é obtido indiretamente a partir dos limites de exposição no ar, ou seja, a partir do monitoramento ambiental. Importante ressalvar que o monitoramento ambiental desempenha melhor papel na identificação de fontes emissoras e na avaliação da eficácia das medidas de controle de engenharia, sendo utilizado para detecção de picos de exposição a agentes perigosos como monóxido de carbono, cianeto, gás sulfídrico e arsina. Além disso, a prevenção de efeitos tóxicos agudos ao sistema respiratório e à mucosa ocular somente pode ser alcançada conservando as concentrações ambientais abaixo de determinados limites previstos pelo monitoramento ambiental. Por isso, o monitoramento biológico normalmente não é utilizado para avaliar exposições de agentes que exibem seus efeitos tóxicos em locais de primeiro contato (como os irritantes pulmonares) e que são escassamente absorvidos. Nesse caso, a relação quantitativa possível ocorre entre a exposição externa e a intensidade dos efeitos locais e para tais agentes a dose interna não pode ser quantitativamente relacionada com o risco de efeito adverso.

Os equipamentos de proteção individuais oferecidos aos trabalhadores necessitam avaliação cuidadosa, incluindo a sua procedência (fabricante), seu certificado de aprovação (CA) ratificado pelo Ministério do Trabalho e Emprego, critérios de seleção, tipo, modelo, adaptação ao trabalhador, uso correto, uso efetivo e continuado durante toda a jornada de trabalho com exposição ao fator de risco, data inicial de fornecimento ao trabalhador, substituição periódica desse equipamento, sua conservação e higienização, treinamento efetivo teórico e prático quanto ao uso, informações sobre as limitações ou até contra-indicações do equipamento, aspectos de qualidade, conforto ao usuário, opções de escolha do equipamento pelo usuário e relação custo-benefício, além da indicação correta frente ao fator de risco real ou potencial na atividade ou ambiente de trabalho. Representa o equipamento de proteção individual a última barreira entre o corpo do trabalhador e o fator de risco; portanto, hierarquicamente, sob o prisma do controle do risco, não pode ser aventado como primeira ou única opção já que não elimina o fator de risco.

O diagrama de causa e efeito, concebido por *Kaoru Ishikawa*, também conhecido como diagrama espinha-de-peixe, pela sua aparência, é uma ferramenta auxiliar para o estudo de processos e situações de trabalho e das variáveis que contribuem para a maior compreensão de um problema. Nesse sentido, o diagrama apresentado na figura 4 pode ser adaptado para organizar uma lista de variáveis ou fatores necessários para o estudo do nexo causal entre exposição ocupacional e seus efeitos: doenças relacionadas ao trabalho, absenteísmo, desconforto, queixas, incapacidades laborativas.

Figura 4: diagrama genérico de nexo causal entre o trabalho (causa) e a doença (efeito)

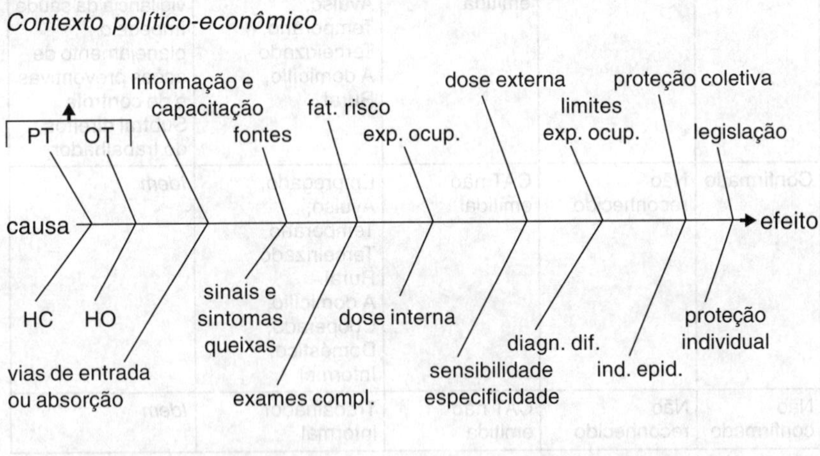

A análise detalhada dessas variáveis apontadas no diagrama contribuirá para o estudo das relações entre exposição ocupacional e seus efeitos à saúde. Quando a competência profissional e a vontade política se fazem presentes, fica plausível a realização do reconhecimento técnico do nexo entre o trabalho e a doença, podendo ser confirmado o diagnóstico da doença relacionada ao trabalho.

O quadro 10 mostra as possíveis relações do diagnóstico da doença ocupacional, combinando o nexo causal, a comunicação à previdência social, as categorias de trabalhadores representadas e os desfechos ou reflexos possíveis:

Quadro 10: relações entre o diagnóstico da doença, nexo causal com o trabalho, notificação, categorias de trabalhador e seus reflexos

Diagnóstico da doença	Nexo causal com o trabalho	Notificação à Previdência Social	Categorias de trabalhadores mais freqüentemente envolvidas	Reflexos
Confirmado	Reconhecido	CAT emitida	Empregado	Gera informação para a ação Favorece a prevenção e o controle Contempla direitos do trabalhador
Confirmado	Reconhecido	CAT não emitida	Empregado, Avulso, Temporário, Terceirizado, A domicílio, Rural	Obstaculiza a vigilância da saúde Impede o planejamento de ações preventivas e de controle Subtrai direitos do trabalhador
Confirmado	Não reconhecido	CAT não emitida	Empregado, Avulso, Temporário, Terceirizado, Rural, A domicílio, Cooperado, Doméstico, Informal	*Idem*
Não confirmado	Não reconhecido	CAT não emitida	Trabalhador informal	*Idem*

A utilização do diagrama de nexo causal pode ser exemplificada pelo estudo da exposição ocupacional ao calor, conforme a figura 5.

Figura 5: diagrama de nexo causal para exposição ao calor

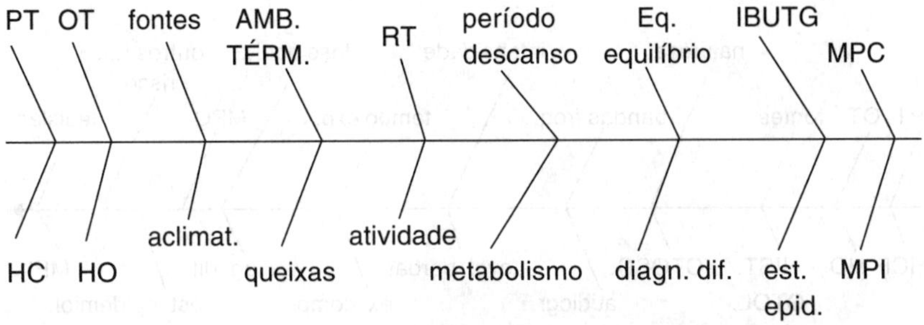

Ao estudarmos a exposição ocupacional ao calor, buscamos a compreensão do processo de trabalho e da organização do trabalho e identificamos as fontes de calor (fornos, por exemplo); analisamos o ambiente térmico representado pela temperatura e umidade do ar, velocidade do ar e calor radiante; anotamos o regime de trabalho contínuo ou intermitente, bem como os períodos e locais de descanso; verificamos os mecanismos de ganho de calor (metabolismo, radiação infravermelha e por condução-convecção) e de perda de calor (evaporação do suor) com a aplicação da equação abreviada do equilíbrio homeotérmico; consultamos a legislação pertinente (Anexo 3 da NR-15 da Portaria MTb n. 3.214/78); calculamos o índice de bulbo-úmido termômetro de globo, comparando com o limite de tolerância estabelecido por essa portaria e registramos as medidas de proteção coletivas existentes.

Quanto ao trabalhador exposto, consignamos sua história clínica e ocupacional; sua condição de aclimatação ao calor; suas queixas, sinais ou sintomas decorrentes dessa exposição; estudamos sua atividade e a taxa de metabolismo (calor metabólico da atividade); as medidas de proteção individuais tais como oferta e ingestão de água potável e fresca; vestimenta de trabalho que possibilite a evaporação do suor; equipamentos de proteção contra radiações térmicas, proteção ocular; educação em saúde; informação e comunicação sobre o fator de risco e seus efeitos no organismo; acesso a exames médicos; diagnóstico diferencial de seus sintomas e sinais de doença ou desconforto; evidência de queixas em outros trabalhadores (estudos epidemiológicos); ocorrência de situação de emergência como internação, condição freqüentemente fatal.

Para o estudo da causalidade das perdas auditivas ocupacionais, podemos utilizar o diagrama de nexo causal como guia para levantamento das variáveis sugeridas na figura 6.

Figura 6: diagrama de nexo causal entre o trabalho e as perdas auditivas

As perdas auditivas ocupacionais contribuem com alta prevalência entre as doenças relacionadas ao trabalho. Nos processos de trabalho com elevados níveis de pressão sonora, bem como nos ambientes ou em atividades e operações com exposição ocupacional a solventes, metais pesados, gases asfixiantes e vibrações ocorrem habitualmente perdas auditivas ocupacionais. A análise da relação causal com o trabalho inclui a compreensão do processo e organização do trabalho, o estudo das fontes de ruído ou de outras fontes de fatores de risco que também acarretam perda auditiva.

Como afirmam *Morata* e *Lemasters* (2001), mesmo que se use uma abordagem holística na investigação de perdas auditivas ocupacionais, a exposição a ruído é um dos fatores centrais a serem examinados, embora destaquem os autores que estudos sobre ambientes de trabalho apontam que nas indústrias podem ser encontrados até nove agentes nocivos simultâneos, com uma média de 2, 7 agentes, indicando um interesse crescente pelo estudo dos efeitos combinados. Considera-se também a natureza do ruído (contínuo, intermitente ou impacto); a análise do espectro de freqüências; o tempo de exposição; a dose equivalente; os níveis de pressão sonora; o nível de exposição normalizado; a comparação com os limites de exposição ocupacional conforme a legislação vigente (Norma Regulamentadora n. 15, Anexos 1 e 2 da Portaria MTb n. 3.214/78 do MTE). O trabalhador exposto é avaliado a partir da sua idade; história clínica e familiar; da história ocupacional (cargos ou funções e respectivos períodos de trabalho, descrição das atividades executadas); história otológica pregressa e atual; resultados de meatoscopias/otoscopias; estudo analítico de audiogramas referenciais e seqüenciais (admissionais, periódicos e demissionais); situações de desencadeamento ou agravamento da perda auditiva, ou seja, detecção de mudanças significativas nos limiares auditivos; características da perda auditiva e de sua evolução; presença de recrutamento; resultados de exames complementares; exposições isoladas ou concomitantes a outros fatores de risco; queixas referenciadas como zumbidos, dificuldade no reconhecimento da palavra falada, sensação de dor diante de ruídos de alta intensidade, dificuldade de localização têmporo-espacial dos sons, irritabilidade, nervosismo, sintomas neurovegetativos, isolamento social pela dificuldade em comunicação, perturbações do sono, distúrbios digestivos, entre outras; queixas e desconforto em outros trabalhadores com condições similares de exposição; análise dos assentamentos anteriores e atuais em fichas de registro de exames audiométricos; condições de realização dos exames audiométricos (exame realizado por pessoal legalmente habilitado — fonoaudiólogo ou médico, repouso auditivo de no mínimo 14 horas, cabina acústica, níveis de pressão sonora em cabinas, comprovantes de aferição ou calibração de audiômetros); ocorrência de trauma acústico; exposição extralaborativa a níveis de pressão sonora elevados e a agentes ototóxicos, presença de doenças subjacentes (hereditárias, congênitas, metabólicas, degenerativas, infecciosas); o uso de medicamentos ototóxicos; a demanda auditiva do trabalho ou da função; a capacitação profissional e a motivação do trabalhador e a qualidade dos programas de prevenção de perdas auditivas(mais remotamente conhecidos como programas de conservação auditiva), incluindo medidas de proteção sobre as fontes emissoras ou na trajetória de propagação do ruído.

É evidente que se faz necessário o diagnóstico diferencial da perda auditiva com muitas outras patologias, porém a *história ocupacional referendando a exposição a níveis elevados de pressão sonora, sem a adequada proteção coletiva e individual*, aliada ao *tempo prolongado de exposição (causa-trabalho), pode servir como padrão-ouro para iniciar a construção do nexo causal da perda auditiva induzida pelo ruído ocupacional.* A causa-trabalho não deveria ser preterida e completamente afastada em favor de patologias de outra etiologia (concausas concomitantes ou preexistentes de natureza não-ocupacionais), com base e em respeito, inclusive, ao art. 23 da Lei n. 8.213/91 da Previdência Social.

Ademais, a perda auditiva de um trabalhador que apresente exposição a níveis elevados de pressão sonora, poderá apresentar características híbridas, representadas pelo fator não-ocupacional associado a fator ocupacional.

Além disso, acrescente-se que a suscetibilidade individual, inerente à condição humana, pode ser considerada como fator preexistente (concausa), sem contudo invalidar ou excluir o desencadeamento ou agravamento da perda auditiva provocada pelas condições insalubres e nocivas de trabalho.

Os equipamentos de proteção auditiva, seguindo a hierarquia das medidas de controle, representam a última barreira de proteção ao aparelho auditivo do trabalhador. *Isoladamente*, o equipamento de proteção auditiva *é insuficiente para sustentar a negação do nexo causal,* especialmente quando nenhuma medida de proteção coletiva foi implementada e quando não há comprovação de *seu fornecimento e de seu uso desde o início da exposição ao fator de risco.* Cabe lembrar que compete ao empregador: fornecer o tipo adequado de equipamento de proteção, treinar quanto ao uso e exigir o uso em serviço, podendo advertir, suspender e desligar o trabalhador que comete ato faltoso (recusa injustificada do uso do protetor auricular).

Segundo as diretrizes e parâmetros mínimos para a avaliação e acompanhamento da audição em trabalhadores, conforme o Ministério do Trabalho e Emprego, estabelecido no Anexo I do Quadro II da Norma Regulamentadora n. 7, cuja redação é dada pela Portaria n. 19, de 9.4.98, a *definição de um caso* de perda auditiva por níveis de pressão sonora elevados é estabelecida pelas alterações dos limiares auditivos, do tipo sensorioneural, decorrente da exposição ocupacional a níveis de pressão sonora elevados, tendo ainda como características principais a irreversibilidade e a progressão gradual com o tempo de exposição ao risco. A sua história natural mostra, inicialmente, o acometimento dos limiares auditivos em uma ou mais freqüências da faixa de 3.000 a 6.000 Hertz. As freqüências mais altas e mais baixas poderão levar mais tempo para ser afetadas e uma vez cessada a exposição, não haverá progressão da redução auditiva. Situações que configuram o desencadeamento da perda auditiva implicam a abertura de CAT, mesmo que não haja necessidade de afastamento do trabalho, indicando a detecção de um evento sentinela cuja ocorrência constitui um sinal de alerta de que a qualidade das medidas preventivas ou da atenção médica deve ser melhorada (*Mendes*, 1995). Esse registro servirá para fins de controle estatístico e epidemiológico, conforme o artigo 336 do Decreto n. 3.048/99 da Previdência Social. Situações que acarretem evolução com agravamento da perda auditiva implicam reabertura de CAT, indicando a inexistência ou a precariedade do programa de conservação auditiva.

O argumento da presbiacusia, como doença não-ocupacional responsável pela perda auditiva, freqüentemente colocando a perda auditiva em decorrência da idade do trabalhador em patamar hierárquico superior ao da perda auditiva ocupacional, pode tentar descaracterizar o nexo causal, especialmente em trabalhadores de faixa etária baixa, entre 30 e 40 anos, embora o Ministério da Saúde do Brasil, p. 265 (2001) afirme que nos casos de presbiacusia, as perdas mais importantes ocorrem a partir dos 45 anos de idade. Portanto, excluir o nexo causal de indivíduo exposto a níveis elevados de pressão sonora, com base exclusiva na presbiacusia, necessita atenta apreciação. Por outro lado, na presbiacusia os limiares auditivos tendem a ser mais comprometidos na freqüência de 8.000 Hertz.

De conformidade com a Portaria n. 19 do MTE, para fins de prevenção das perdas auditivas induzidas por níveis de pressão sonora elevados (PAINPSE), os critérios de interpretação de exames audiométricos *de referência* (ou audiograma único), com base nos limiares auditivos, são apresentados no quadro 11:

Quadro 11: critérios para interpretação de exames audiométricos de referência, segundo o Ministério do Trabalho e Emprego

Subitem 4.1.1	Dentro de limites aceitáveis	Limiares auditivos iguais ou menores que 25 dB (NA) em todas as freqüências examinadas
Subitem 4.1.2	Sugestivo de perda auditiva induzida por níveis pressão sonora elevados	Limiares auditivos maior que 25 dB (NA) em 3kHz e/ou 4kHz e/ou 6kHz, mais elevados do que nas outras freqüências testadas, com comprometimento da via aérea e via óssea, em um ou ambos os lados
Subitem 4.1.3	Não sugestivo de perda auditiva induzida por níveis de pressão sonora elevados	Limiares auditivos com traçados diferentes no audiograma

O quadro 12 esquematiza os critérios de interpretação de exames audiométricos *seqüenciais*, também para fins de prevenção, conforme a Portaria n. 19 do MTE, apresentando o critério da diferença (MALAs-MALAr) entre as médias aritméticas dos limiares auditivos das audiometrias seqüenciais (MALAs) e referenciais (MALAr) e o critério da mudança do limiar auditivo em freqüência isolada:

Quadro 12: critérios de interpretação de audiometrias seqüenciais, segundo a Portaria n. 19 do MTE

Subitem 4.2.1	Sugestivo de desencadeamento de PAINPSE	Exames referencial e seqüencial com limiares auditivos iguais ou menores que 25 dB (NA) Evolução característica da perda auditiva e MALAs-MALAr ≥ 10 dB (NA) em 3k, 4k e 6kHz ou

		Piora ≥ 15 dB (NA) em pelo menos uma das freqüências de 3k ou 4k ou 6kHz
Subitem 4.2.2	Sugestivo de desencadeamento de PAINPSE	Limiares auditivos da audiometria referencial iguais ou menores que 25 dB (NA) e limiares auditivos da audiometria seqüencial maiores que 25dB (NA) Evolução característica da perda auditiva e MALAs-MALAr ≥ 10 dB (NA) em 3k, 4k e 6kHz ou Piora ≥ 15 dB (NA) em pelo menos uma das freqüências de 3k ou 4k ou 6kHz
Subitem 4.2.3	Sugestivo de agravamento de PAINPSE	Limiares auditivos da audiometria referencial > 25 dB (NA) já confirmados, Evolução característica da perda auditiva e MALAs-MALAr ≥ 10 dB (NA) em 3k, 4k e 6kHz ou em 0,5k, 1k e 2kHz ou Piora ≥ 15 dB (NA) em qualquer freqüência entre 0,5k e 6kHz

Compete aos profissionais que prestam assistência aos trabalhadores, inclusive aos médicos coordenadores de PCMSO, executar o estudo comparativo dessas audiometrias referenciais e seqüenciais, colaborar na implementação e aprimoramento de programas de prevenção de perdas auditivas, bem como definir a aptidão do trabalhador para a função, registrar os dados em prontuário confidencial, disponibilizar cópias dos exames audiométricos aos trabalhadores, orientar e encaminhar o trabalhador para avaliação especializada, firmar o nexo causal, consultar a legislação previdenciária que estabelece critérios para a concessão de benefícios acidentários, solicitar à empresa a emissão da comunicação de acidente do trabalho, incluir os casos confirmados em relatório anual do programa de controle médico de saúde ocupacional.

A legislação em segurança e saúde do trabalhador, através da Portaria n. 19 determina que os resultados dos exames audiométricos devem ser registrados em uma ficha que contenha, no mínimo, os dados apontados no quadro 13:

Quadro 13: dados da ficha de registro do exame audiométrico, segundo a Portaria n. 19 do MTE

1. Nome do trabalhador
2. idade
3. número de registro de identidade

4. nome da empresa
5. função do trabalhador
6. tempo de repouso auditivo cumprido para a realização do exame audiométrico
7. nome do fabricante, modelo e data da última aferição acústica do audiômetro
8. traçados audiométricos e símbolos para identificação de vias de condução aérea e óssea, para a orelha direita e esquerda, respostas presentes ou ausentes e no caso de uso de cores, a identificação da orelha direita com a cor vermelha e a esquerda com a cor azul
9. nome, número de registro no conselho regional (medicina ou fonoaudiologia) e assinatura do profissional responsável pelo exame audiométrico
10. resultado da inspeção do meatoacústico externo

Freqüentemente os profissionais da saúde deparam-se com a complexidade da elaboração do nexo causal das perdas auditivas, ocupacionais e não-ocupacionais. Em adição à argumentação de que é necessária minuciosa avaliação das causas não-ocupacionais, apresentamos detalhada *lista de verificação* para avaliar itens que podem auxiliar a inferência causal, ou seja, o estabelecimento do nexo técnico entre o trabalho e a perda auditiva ou que podem ser utilizados para descaracterizar o nexo causal.

( ) anamnese clínica ausente ou incompleta

( ) história ocupacional ausente ou incompleta

( ) exposição ocupacional a fatores ou condições de risco:

- ( ) ruído contínuo ou intermitente
- ( ) ruído de impacto ou impulsivo
- ( ) vibrações
- ( ) solventes
- ( ) metais
- ( ) barotrauma
- ( ) gases asfixiantes
- ( ) outros

( ) acidente de trabalho prévio com repercussão sobre a audição

( ) fontes de ruído no local de trabalho omitidas ou subestimadas

( ) níveis de pressão sonora omitidos ou subestimados em laudos técnicos

( ) freqüência da exposição ao fator ou condição de risco omitida ou subestimada

( ) duração da exposição ocupacional ao fator ou condição de risco omitida ou subestimada

( ) suscetibilidade individual hipervalorizada

( ) dosimetria individual omitida ou subestimada

( ) espectro sonoro da fonte desconhecido ou subestimado

( ) medidas de proteção coletivas inexistentes

( ) medidas de proteção coletivas existentes, porém parciais (insuficientes)

( ) equipamentos de proteção auditiva nunca fornecidos

( ) equipamentos de proteção auditiva fornecidos em data posterior à do início da exposição ocupacional ao fator ou condição de risco

( ) equipamento de proteção individual utilizado apenas em tempo parcial da jornada de trabalho

( ) uso do equipamento de proteção auditiva assumido como permanente, contínuo, não eventual, nem intermitente

( ) substituição do equipamento de proteção auditiva não comprovada ao longo de todo o período de tempo trabalhado na empresa

( ) treinamento quanto ao uso do equipamento de proteção auditiva não comprovado

( ) nível de redução de ruído fornecido pelo fabricante do equipamento de proteção auditiva hipervalorizado para as condições reais de uso pelo trabalhador

( ) exigência quanto ao uso contínuo e permanente do equipamento de proteção não comprovada, não documentada

( ) informações quanto à higiene, asseio e limitações do equipamento de proteção auditiva não documentada

( ) sinalização do fator ou condição de risco no ambiente de trabalho inexistente

( ) informação sobre o fator ou condição de risco não documentada

( ) programa de conservação auditiva (PCA) ou programa de prevenção de perdas auditivas (PPPA) não documentado

( ) PCA ou PPPA não documenta as intervenções ambientais para redução do fator ou condição de risco na fonte

( ) introdução de novas tecnologias não informada, não documentada no PPRA

( ) mudanças de *layout* não informadas, não documentadas no PPRA

( ) modificações do processo de trabalho não informadas, não documentadas no PCA ou PPPA ou em laudos técnicos

( ) modificações da organização do trabalho não informadas, não documentadas no PCA ou PPPA ou em laudos técnicos

( ) atividades executadas pelo trabalhador não informadas, não documentadas

( ) modos operatórios não informados, não documentados

( ) análise ergonômica do trabalho inexistente

( ) *inexistência de informações* quanto à ocorrência de alterações no processo de trabalho, ou organização do trabalho, nas atividades e modos operatórios e suas respectivas relações temporais com a exposição ocupacional a fatores ou condições de risco

( ) laudo técnico prioriza *referenciais* de limites de tolerância *mais permissivos*

( ) laudo técnico prioriza critérios de avaliação de exposição ocupacional mais permissivos e menos preventivos

( ) inexiste estudo comparativo entre audiogramas referencial e seqüencial

( ) estudo comparativo entre audiogramas referencial e seqüencial não utiliza critérios definidos pela Portaria n. 19/98 do MTE

( ) ficha de registro dos exames audiométricos inexistente ou incompleta, segundo exigências da Portaria n. 19/98

( ) inexiste descrição da metodologia empregada para a avaliação do fator ou condição de risco

( ) inexiste documentação da calibração ou aferição de instrumentos ou equipamentos utilizados na avaliação ambiental do fator ou condição de risco e/ou na execução dos exames audiométricos (audiômetro)

( ) inexistem referências quanto aos níveis de ruído (espectro sonoro) na cabina audiométrica

( ) inexiste uso do instrumental epidemiológico (prevalência, incidência) aplicados ao conjunto dos trabalhadores da empresa e dos setores de trabalho

( ) inexiste relatório anual do PCMSO

( ) atestado de saúde ocupacional, admissional, periódico ou demissional, definiu aptidão para o trabalho, sem especificar riscos ocupacionais específicos ou a sua ausência

( ) atestado de saúde ocupacional define inaptidão para o trabalho, *porém não caracteriza o nexo causal entre trabalho e a doença incapacitante*

( ) diagnóstico diferencial das disacusias neurossensoriais *privilegia outras causas* em detrimento da exposição ocupacional aos fatores ou condições de risco da perda auditiva

( ) diagnóstico diferencial das disacusias neurossensoriais *desconsidera a concausalidade*, não equipara ao acidente do trabalho aquele acidente que, ligado ao trabalho, embora não tenha sido a causa única, haja contribuído diretamente para a redução ou perda da capacidade para o trabalho, ou haja produzido lesão que exija atenção médica para a recuperação do trabalhador, conforme previsto no art. 21 da Lei n. 8.213/91 do MPAS

( ) a caracterização da doença ou dano auditivo do trabalhador desconsidera o trabalho como um fator de risco, ou seja, como um atributo ou uma exposição que estão associados com uma probabilidade aumentada de ocorrência de uma doença

( ) a caracterização do nexo causal entre trabalho e doença ou lesão auditiva não *leva em consideração* a *natureza epidemiológica*, seja pela observação omissa quanto ao excesso de freqüência em determinados grupos ocupacionais, profissões ou funções na empresa, seja pela não ampliação quantitativa ou qualitativa do espectro de determinantes causais presentes nos ambientes de trabalho

( ) no estabelecimento da relação causal entre o dano auditivo ou doença e o trabalho, as *respostas positivas* à maioria das questões abaixo elencadas *não são consideradas*

( ) natureza da exposição: o agente patogênico é identificado pela história ocupacional e/ou pelas informações colhidas no local de trabalho, e/ou de pessoas familiarizadas com o ambiente ou local de trabalho do trabalhador

( ) especificidade da relação causal e a força da associação causal: o agente patogênico ou o fator de risco pode estar contribuindo significativamente entre os fatores causais da doença

( ) tipo de relação causal com o trabalho: o trabalho é considerado fator de risco contributivo de doença de etiologia multicausal (Tipo II da classificação de *R. Schilling*)

( ) No caso de doença relacionada ao trabalho, do tipo II, as outras causas não ocupacionais, foram devidamente analisadas e hierarquicamente consideradas em relação às causas de natureza ocupacional

( ) grau de intensidade da exposição: é compatível com a produção da doença

( ) tempo de exposição: é suficiente para produzir a doença

( ) tempo de latência: é suficiente para que a doença se instale e manifeste

( ) registros anteriores: existem registros quanto ao estado de saúde anterior de saúde do trabalhador e, caso positivo, esses contribuem para o estabelecimento da relação causal entre o estado atual e o trabalho

( ) evidências epidemiológicas: existem evidências epidemiológicas que reforçam a hipótese de relação causal entre a doença e o trabalho presente ou pregresso do trabalhador

( ) não considera a decisão quanto à existência de relação causal entre uma doença diagnosticada ou suspeita e uma situação de trabalho ou ambiental como sendo um processo social

( ) não considera a comprovação como baseada em argumentos que permitam a sua *presunção*, sem a existência de prova absoluta, esta muito rara em medicina

( ) *não considera os elementos principais* que dão sustentação para a hipótese diagnóstica e a decisão quanto à relação causal com o trabalho, ou seja, *exclui a exposição ocupacional a fatores ou condições de risco em intensidade ou concentração suscetíveis de desencadearem ou agravarem um dano ou uma doença*

FATORES OU CONDIÇÕES DE RISCO, EXPOSIÇÃO OCUPACIONAL E AGRAVOS À SAÚDE DO TRABALHADOR

"O ambiente é a alma das coisas. Cada coisa tem uma expressão própria, e essa expressão vem-lhe de fora. Cada coisa é a intersecção de três linhas, e essas três linhas formam uma coisa: uma quantidade de matéria, o modo como interpretamos, e o ambiente em que está." (Pessoa, *1999, p. 91)*

Cada vez que um trabalhador procura atendimento em um serviço de saúde público ou privado, é imperativo executar a história ocupacional. Conforme destaca *Rosenstock* (1981), a *história ocupacional deve formar a base para a suspeição e a prova de que certos problemas são relacionados ao trabalho*. Falhas na identificação das doenças ocupacionais e falhas na notificação dessas doenças determinam limitada precisão das estatísticas. Essa autora relata que nos Estados Unidos da América ocorrem 100.000 mortes por ano decorrentes de doenças relacionadas ao trabalho, 3.200.000 pessoas ficam incapacitadas a cada ano em decorrência de doenças ou acidentes relacionados ao trabalho, 390.000 novos casos anuais de doenças ocupacionais e que 10 milhões de trabalhadores procuram atendimento anualmente devido à condição relacionada ao trabalho. Enfatiza ainda que 11, 4 bilhões de dólares foram gastos apenas em salários devido às doenças ocupacionais incapacitantes em 1978.

Desde que a população trabalhadora tenha *acesso ao serviço de saúde*, o levantamento do estado geral de saúde dos trabalhadores identificará pessoas:

1. sob risco especial de contrair uma doença ocupacional específica;

2. com doenças ou desvios de saúde corrigíveis, curáveis ou tratáveis;

3. em estágios precoces de doenças crônicas que requerem acompanhamentos regulares de saúde;

4. cuja aptidão para determinadas atividades está contra-indicada ou restringida;

5. que revelam comportamentos e atitudes desfavoráveis em relação à saúde;

6. cuja predição do curso futuro de sua doença, após a instalação (prognóstico), necessitam acompanhamento e vigilância para uma variedade de conseqüências como incapacidade, sofrimento, complicações ou morte;

7. que necessitam ser afastadas do fator de risco ou do trabalho, temporária ou indefinidamente;

8. que procuram avaliação para obtenção de benefício ou serviço previdenciário como auxílio-doença, auxílio-acidente, reabilitação, aposentadoria;

9. que fornecem pistas para que sejam implementadas ações preventivas ou de busca ativa de novos casos na comunidade;

10. cuja qualidade de vida relacionada à saúde pode ser medida, a fim de melhorar a informação para as decisões políticas e para o manejo do paciente, conforme citam *Guyatt et al.* (1993);

11. que entram em contato com serviços de saúde para fins judiciais.

A apresentação de um caso clínico proposto por *Lax et al.* (2003), descortina e ilustra a origem ocupacional do problema:

Um homem de 38 anos relatou apresentar cefaléia generalizada durante várias semanas. Foi feito um diagnóstico de cefaléia tensional, tendo recebido um analgésico. Persistindo sua cefaléia, foi submetido à tomografia computadorizada cujo resultado foi normal. Foi encaminhado a um neurologista e a uma clínica especializada em cefaléia. Vários tratamentos foram aplicados sem efeito. Uma história ocupacional revelou que esse homem tinha sido pintor (pintura à pistola) durante onze meses. Durante o trabalho, ele esteve habitualmente exposto à mistura de solventes orgânicos. Quando foi afastado do trabalho por quatro semanas, sua cefaléia cedeu.

Outro exemplo, adaptado do relato de *Merletti, Olsen* e *Vuylsteek* (1990), a respeito de casos de esterilidade masculina também ilustra a origem ocupacional dos problemas de saúde:

O cenário

Trabalhadores de uma fábrica química que produzia fertilizantes, amoníaco e componentes pesticidas para uso doméstico e agrícola. Na última fase do processo, os trabalhadores misturavam, diluíam e reenvasavam os pesticidas. Na composição de aproximadamente 200 produtos, se utilizavam cerca de 100 substâncias químicas diferentes, incluindo compostos orgânicos de fósforo, hidrocarbonetos e carbonatos. Numa determinada seção de produtos agrícolas, 39 empregados laboravam, sendo 36 do sexo masculino.

O problema

Os homens dessa seção se deram conta de que poucos deles tinham tido filhos nos últimos anos. Tentaram valorizar algumas diferenças na exposição a produtos químicos, mas viram que era impossível já que eram designados alternadamente para diferentes áreas. Apenas a duração do tempo que haviam passado na seção parecia ser uma medida útil de exposição. Perceberam que 7 homens com longo período de exposição não haviam tido filhos. Na fábrica se produzia 1, 2-dibromo 3-cloropropano (DBCP). Tendo feito contato informal com pessoas de uma universidade, souberam que o DBCP havia sido apresentado em estudos como agente carcinogênico e mutagênico, e que havia dados sobre efeitos na reprodução em animais. Cinco homens decidiram fazer análise de esperma, tendo sido constatado que todos tinham oligospermia ou azoospermia.

O estudo

Nesse ponto, os trabalhadores solicitaram uma avaliação mais ampla de todo o grupo de trabalhadores empregados. Os 36 homens responderam a um questionário médico. Foram tomadas amostras de sêmen de 25 homens não vasectomizados para exame.

Os resultados

Desses 25 homens, 14 tinham azoospermia ou oligospermia. Onze trabalhadores apresentavam contagem de esperma menor ou igual a um milhão/ml, onze trabalhadores tinham contagem normal ou mais de 40 milhões/ml e três tinham contagem entre 10 e 30 milhões/ml. Os homens com contagem anormal de esperma tinham um tempo médio de exposição de 8 anos. Para os homens com contagem normal, o tempo médio de exposição era de 0,1 ano. Nenhum trabalhador com uma contagem de esperma igual ou menor que um milhão/ml havia estado exposto menos do que 3 anos. Todos os trabalhadores com contagem acima de 40 milhões/ml estiveram expostos menos de 3 meses. A concentração de DBCP foi de 0,4 ppm no ar da fábrica.

As conseqüências

Esse exemplo destaca (e nos auxilia a refletir) sobre vários itens relevantes:

a) a importância da valorização da experiência dos trabalhadores;

b) a importância da disseminação da informação, tanto internamente na fábrica, quando externamente;

c) o debate da comunidade científica com a população e a divulgação dos resultados de suas pesquisas aos trabalhadores e à comunidade;

d) o diálogo e a abertura entre os trabalhadores, explicitando resultados de exames considerados confidenciais;

e) a participação dos trabalhadores nas pesquisas e na realização de exames de controle médico;

f) o interesse acadêmico pela realização de novos estudos e pesquisas;

g) os limites de exposição ocupacional do DBCP que, detectados os efeitos nocivos à saúde, foram diminuídos, pois não ofereciam adequada proteção à saúde dos trabalhadores;

h) a alternativa da substituição de um produto químico por outro de menor toxicidade;

i) o surgimento de novas doenças ocupacionais quando se introduz um novo produto químico no mercado;

j) a evolução dos conceitos da toxicologia e da determinação da dose-resposta, favorecendo a melhoria da prevenção e do controle médico;

k) a evolução dos conceitos da higiene ocupacional e suas estratégias para melhoria das condições de trabalho;

l) o uso de estudos epidemiológicos para a identificação das causas das enfermidades ocupacionais;

m) a extensão dos achados para outras fábricas que manipulam o mesmo produto nocivo e para os órgãos fiscalizadores ambientais e trabalhistas;

n) a contínua e sistemática vigilância em saúde, em busca da informação para a ação;

o) a importância da história ocupacional (O que você faz? Como faz? Onde? Com que você lida?...) para o reconhecimento da exposição ocupacional a fatores de risco, reais ou potenciais;

p) a aceitação da premissa de que quando um fator de risco é suspeito ou esteja sendo fortemente sugerido como suspeito, o ambiente de trabalho e os trabalhadores deveriam ser suficientemente protegidos.

Quando estamos interessados em estudar os riscos à saúde e seu monitoramento, dispomos de diversas modalidades de intervenção sobre o ambiente de trabalho ou sobre o indivíduo exposto e seus efeitos à saúde. O resumo apresentado no quadro 14 indica a localização do fator de risco ou o tipo de efeito, as ações que podem ser implementadas e os respectivos níveis de prevenção:

Quadro 14: fator de risco ou efeito, tipos de ação e níveis de prevenção

Fator de Risco ou Efeito	Tipo de Ação	Nível de Prevenção
No local de trabalho	Monitoramento ambiental	Primária
Em contato com o trabalhador	Monitoramento pessoal	Primária
Absorvido pelo organismo	Monitoramento biológico de dose interna	Secundária
Efeitos precoces e reversíveis	Monitoramento biológico de efeito	Secundária
Doença estabelecida, efeitos adversos	Vigilância médica, emissão de CAT	Terciária

Com a publicação do trabalho de *Rutstein et al.* (1983), foi introduzido no campo da saúde pública americana o conceito de evento-sentinela em saúde ocupacional, considerado como uma doença prevenível, incapacidade ou morte prematura cuja ocorrência serve como um sinal de advertência de que a qualidade dos cuidados médicos preventivos e/ou curativos necessita ser melhorada. Tais eventos serviriam como índices negativos de qualidade dos serviços médicos, desde que atendessem a três critérios de inclusão: documentação de um agente associado, das indústrias envolvidas e das ocupações envolvidas, sendo a doença ou condição codificável, conforme a Classificação Internacional de Doenças em sua 9ª edição. Foram inicialmente listadas 50 doenças relacionadas à ocupação que poderiam ser controladas pela prevenção e/ou tratamento. A ocorrência de um evento-sentinela em saúde ocupacional justificaria, para os autores, uma cuidadosa investigação em resposta à pergunta: por que essa doença, incapacidade ou morte prematura desnecessária aconteceu?

Tal lista referia três utilidades: sua aplicação como ferramenta de vigilância, seu valor para a prática médica e sua importância como um compêndio periodicamente atualizado de doenças relacionadas ao trabalho, inclusive quando atestados de óbito incluíam informações sobre tipo de indústria ou ocupação, em que pese as informações sobre dados de exposição e período de latência sejam habitualmente impossíveis de obter a partir desses atestados.

Como marco histórico, apresentamos exemplos dessa lista elaborada por *Rutstein*, no quadro 15, conservando a antiga CID-9:

Quadro 15: eventos-sentinela em saúde ocupacional, segundo *Rutstein*

CID-9	Condição	Doença	Incapacidade	Morte	Indústria/ ocupação	Agente
011	Tuberculose pulmonar	Prevenível	Prevenível Tratável	Prevenível, Tratável	Médicos, pessoal da área médica	*Mycobacteriumm tuberculosis*
284.8	Anemia aplástica	Prevenível		Prevenível	Manufatura de explosivos, Exposição a benzeno, Radiologistas, Pintores	TNT Benzeno Radiação Ionizante
366.4	Catarata ocupacional	Prevenível	Prevenível, Tratável		Técnicos em microondas e radar, Indústria de explosivos, Radiologistas, Padeiros, Sopradores de vidros, Indústrias de corantes, herbicidas, pesticidas	Microondas TNT Radiação ionizante e Infravermelha Naftaleno Dinitrofenol Dinitro-o-cresol

A lista de eventos-sentinela em saúde ocupacional impulsionou os estudos epidemiológicos e de higiene ocupacional e chamou a atenção para a substituição de materiais, controles de engenharia, proteção pessoal e não apenas da melhoria dos cuidados médicos, tendo sido atualizada por *Mullan* e *Murthy* (1991), e expandida para 63 doenças ou condições de saúde.

Todavia, como afirma *Hill apud Hogstedt* (1994), todo trabalho científico é incompleto e a passagem da mera observação de um evento sentinela para uma observação inicial de um novo risco vem ganhando expressão à luz de novas pesquisas no campo da saúde do trabalhador.

Para *Rantanen* (1994), novas entidades ou condições vêm sendo propostas pelos pesquisadores como suspeitas de causarem *novas epidemias ocupacionais*, entre elas:

a) Infecções microbianas tais como infecção pelo Hanta vírus, hepatite C, AIDS;

b) Morte súbita como Karoshi;

c) Distúrbios musculoesqueléticos;

d) Reações de hipersensibilidade como síndrome dos edifícios doentes, sensibilidade química múltipla, asma ocupacional;

e) Condições psicológicas e psicossociais como esgotamento profissional *(burn out)*, sobrecarga de trabalho psíquico e redução da resistência à infecção;

f) Condições físicas como campos elétricos e magnéticos e sua repercussão sobre a saúde (câncer, efeitos reprodutivos, efeitos cutâneos) e novas fontes de perda auditiva;

g) Condições químicas como efeitos de novos produtos lançados no mercado.

Na última década, a conjuntura da economia internacional globalizada tem propiciado aumento do setor informal de trabalho, do trabalho temporário, do trabalho terceirizado e essas transformações do mundo laboral delinearão novos perfis epidemiológicos e variações na morbimortalidade dos trabalhadores, como afirma *Wunsch Filho* (2001).

Em que pese os serviços de saúde ocupacional registrados no Ministério do Trabalho e Emprego atenderem, quase exclusivamente, os trabalhadores formais contratados por menos do que cinco por cento das empresas brasileiras, têm sido escassamente reconhecidas e notificadas as doenças relacionadas ao trabalho na população trabalhadora tutelada pela Consolidação das Leis do Trabalho dessas grandes empresas. Com o crescimento do setor informal, fica enormemente prejudicado o frágil sistema de vigilância de acidentes e doenças do trabalho ora vigente, e ainda que os trabalhadores informais recebam atendimento no sistema único de saúde, é inegável a tendência ao sub-reconhecimento ou à subnotificação das doenças relacionadas ao trabalho. *A identificação de fatores ou condições de risco e a investigação da exposição ocupacional através da construção rotineira da história ocupacional nos serviços de atenção primária à saúde, nos programas de saúde da família e nos centros de referência em saúde do trabalhador* (postos de saúde e ambulatórios) poderiam contribuir para a ampliação do sistema de vigilância e auxiliar a inclusão de categorias como autônomos, cooperativados, pequenos comerciantes, vendedores ambulantes, trabalhadores de microempresas que viessem a manifestar sinais, sintomas ou queixas de doenças catalogadas como eventos sentinela em saúde ocupacional.

Como afirma *Wunsch Filho,*

> "a saúde dos trabalhadores não está restrita apenas aos acidentes e doenças do trabalho [...] a luta pela saúde é uma tarefa contínua que pressupõe a participação ativa dos diferentes segmentos que compõem a sociedade [...] O trabalho, parte inerente da vida dos indivíduos, deve ser abordado como intrinsecamente relacionado ao processo saúde-doença das sociedades humanas e as ações em saúde do trabalhador devem ser entendidas como um dos componentes da estratégia geral para a melhoria da saúde das populações."

O reconhecimento de que a história ocupacional representa o marco inicial para o estudo da exposição ocupacional a condições de risco não deve negligenciar outros procedimentos para investigar a relação entre trabalho e saúde. Para fins didáticos, o cenário apresentado no estudo do caso a seguir nos alerta para a observação de outras alternativas, indispensáveis, como a visita ao local de trabalho:

A empresa

Fundada há 9 anos, destina-se à manutenção e reparação de veículos automotores. O atual quadro conta com 10 empregados, com experiência profissional mínima de três anos nas funções de ajudantes de produção, pintores e encarregado de oficina. Todos percebem adicional de insalubridade em grau médio, são submetidos a exames clínicos anuais com policlínica conveniada. São fornecidos: luvas de borracha, calçado de segurança, máscaras com filtro mecânico e uniforme. A jornada de trabalho é de oito horas diárias, 44 horas semanais.

O processo de trabalho

Os trabalhadores relatam ao profissional da saúde que executam a chapeação e pintura de veículos. Iniciam com o recebimento do veículo, fazendo a desmontagem da peça avariada com uso de ferramentas tais como chaves de boca e estrela, chaves em L, jogo de cachimbos, chaves estriadas, chaves canhões, alicates, maçarico para corte da peça.

Segue-se a chapeação que inicia com o alinhamento da nova peça e do veículo, fazem o rebatimento com uso de martelos, estampa, lima, marreta, talhadeira, lixadeira, retífica, esticador hidráulico, alicate de pressão, guilhotina, torquês e soldagem oxiacetilênica, depois executam a preparação da pintura, através da colocação de massa plástica, utilizando espátula, aplicador de massa, tacos de borracha, massa plástica, primer universal, *thinner* de limpeza, lixas, fita crepe, papel em rolo para isolamento, massa de acabamento em bisnaga, lixa treme-treme.

Prosseguindo, o veículo é deslocado até a cabina de pintura para a aplicação de fundo e pintura, com a utilização de pistola de alta pressão, compressor de ar, filtros, *thinner*, tintas, verniz, esmalte sintético, solução desengraxante. Depois é realizado o polimento da peça e do veículo, com o uso de politriz, lixas de acabamento, massa de polir, estopa, cera protetora e finalmente ocorre a lavagem do veículo e a entrega ao proprietário.

As queixas

Um dos pintores, aos 38 anos de idade, com sete anos de experiência na empresa, consultou em posto de saúde referindo queixas, iniciadas há dois meses, de dormência nas pernas, cansaço, irritabilidade, insônia.

Não foram constatados antecedentes de nenhuma doença prévia, nem alcoolismo, tabagismo, doença mental, desajustes familiares.

A conduta

Foi submetido a alguns exames complementares da rotina clínica (hemograma, plaquetas, RX de Tórax, provas de função hepática e renal, glicemia, eletroencefalograma, eletrocardiograma) que acusaram resultados dentro da normalidade. Seu exame físico foi considerado normal. Foi-lhe recomendado o afastamento do trabalho por três dias para repouso, sendo-lhe fornecido atestado de incapacidade para o trabalho. Reiniciou o trabalho e persistindo os sintomas, procurou o mesmo serviço de saúde, e outro profissional indicou terapia psicológica de apoio, prescreveu um polivitamínico e indicou afastamento do trabalho por mais cinco dias. Reiniciou seu trabalho e passados alguns dias a empresa resolveu encaminhá-lo para exame demissional. Dada a persistência das queixas, foi considerado inapto ao trabalho e encaminhado à perícia médica da previdência social, após quinze dias de afastamento.

As dúvidas

Afinal, o que se passa com o doente? Qual a sua doença? Poderia ser doença relacionada ao trabalho? Poderia ser um evento sentinela em saúde ocupacional?

A investigação subseqüente

Os profissionais do serviço médico da previdência social, com formação em medicina do trabalho, em caráter excepcional, procederam à visita ao local de trabalho, tendo efetuado minucioso levantamento das condições de trabalho, das atividades executadas e entrevistas com outros trabalhadores. Foram detectados os seguintes produtos químicos manuseados habitualmente pelos trabalhadores e até então desconhecidos dos profissionais da saúde que lhe prestaram assistência, registrados no quadro 16:

Quadro 16: produtos químicos manuseados no local de trabalho (rótulos das embalagens e composição)

Rótulos das embalagens (latas)	Composição impressa nas embalagens
Primer poliuretano	Resina acrílica hidroxilada, pigmentos, acetato de butila e aditivos
Verniz	Resina acrílica hidroxilada, xilol, acetato de butila
Catalizador para poliuretano	Poliisocianato alifático, solventes aromáticos e oxigenados
Seladora para plásticos	Resina epóxi, poliolefina clorada, solventes alifáticos e aromáticos, ésteres orgânicos e aditivos
Mixing	Uréia, formaldeído, resina poliéster, pigmentos metálicos, aditivos, solventes como acetato de butila, xilol, n-butanol
Polidor	Água, óleo mineral, isoparafina, silicato de alumínio, trietanolamina, metilparabeno, propilparabeno

Rótulos das embalagens (latas)	Composição impressa nas embalagens
Primer	Resinas alquídicas, pigmentos inorgânicos, solventes oxigenados, hidrocarbonetos
Massa rápida	Resinas alquídicas, cargas minerais, pigmentos, nitrocelulose, solvente
Thinner de acabamento	Álcoois, éteres de glicol, acetatos, hidrocarbonetos aromáticos
Massa de polir	Querosene, água, óleo diesel, abrasivos, aminas
Cera protetora	Cera vegetal e polietilênica, cargas minerais, solvente alifático, abrasivo, silicone, corante e perfume
Convertedor de ferrugem	Mistura de ácidos, acrilatos, umectantes, glicóis, conservantes e dispersantes
Tinta nitrocelulose	Pigmentos, aditivos, solvente aromático, resina nitrocelulose
Vedador de carroceria	Elastômero sintético, cargas minerais, óleos minerais
Catalizador	Isocianatos polifuncionais

A avaliação do risco

Fatores ou condições de risco	Exposição ocupacional	Efeitos à saúde
Miscelânea de produtos químicos, incluindo solventes aromáticos e alifáticos, pigmentos (metais), aditivos e conservantes, dispersantes, poeiras abrasivas, óleos, isocianatos, acrilatos, resinas, formaldeído, ceras e outros	Número de trabalhadores expostos Local e duração da exposição Freqüência da exposição Concentração dos agentes Vias de contato ou absorção Medidas de controle existentes, coletivas Medidas de controle existentes, individuais Equipamentos de proteção individual fornecidos e utilizados	Dormência nas pernas, irritabilidade, insônia, cansaço

O "parecer" do médico *Bernardino Ramazzini*, descrito em sua obra no ano de 1700, e ainda atualizado para esse estudo de caso, ao abordar as doenças dos pintores:

> "Também *várias afecções costumam atacar os pintores*, como tremores nos membros, caquexia, enegrecimento dos dentes, palidez da face, melancolia e abolição do olfato; constatei ... que são todos enfermiços. A matéria corante que têm sempre sob o nariz e nas mãos: óxido de chumbo, cinábrio, cerusa, verniz, azeite de nozes e de linho, utilizados para misturar cores e vários pigmentos extraídos de diversos fósseis. Devido a

isso percebe-se nas oficinas um odor fétido ... sendo muito funesto para a cabeça. Ao pintarem absorvem vapores malignos pelo nariz e a boca, os quais penetram nas vias respiratórias, passam ao sangue, perturbam a economia das funções naturais e provocam os distúrbios já referidos acima. Por sofrerem os pintores das afecções já descritas ou de outras enfermidades comuns, *serão eles atendidos com particular cuidado ...*"

Conclusão desse estudo

Nosso estudo de caso pode confirmar e consolidar um diagnóstico de doença relacionada ao trabalho quando conseguimos apurar os cenários:

1. clínico-epidemiológico acrescido da história de exposição ocupacional; ou
2. clínico-laboratorial acrescido da história de exposição ocupacional; e
3. sociotécnicos, acrescidos da investigação clínico-ocupacional.

PARTE III

CONSTRUINDO A HISTÓRIA OCUPACIONAL: UM PROCESSO SOCIOTÉCNICO E ÉTICO

CAPÍTULO 6

A HISTÓRIA OCUPACIONAL COMO PROCESSO DE COMUNICAÇÃO

"Nossa capacidade de estarmos atentos a nossos próprios pensamentos, à medida em que eles vêm e vão, nos ajuda em nossas relações com os outros. Nós ouvimos o seu sofrimento... eles sentem-se ouvidos ... nós nos encontramos nessa confusão. E a menos que nós possamos perceber, talvez até antecipar, esse momento de arrebatamento, poderemos ser tragados por ele. Nós estamos tão alertas ao que está acontecendo dentro de nós como estamos ao que acontece dentro deles." Dass e Gorman *(p. 114, 1985)* apud Gruba-McCallister *in* (Graig, Robert J. *entrevista clínica e diagnóstica, p. 51, Porto Alegre, Artes Médicas, 1991)*

O êxito no diálogo entre o trabalhador e o profissional da saúde depende de muitos fatores, destacando-se a capacidade de ouvir do profissional, alicerçada na sinceridade e afabilidade do encontro de duas consciências que, inseridas no contexto socioeconômico, darão origem a uma história que poderá repercutir sobre as expectativas, não raras vezes antagônicas, de vários atores sociais interessados com o desfecho desse processo de comunicação.

O mundo do trabalho envolve peculiaridades que habitualmente não estão presentes na entrevista médica rotineira em que tipicamente uma pessoa procura atendimento e atenção para seus sintomas e, em princípio, está disposta a "contar tudo", processo facilitado pelo caráter confidencial dessa relação médico-paciente. No âmbito dos acidentes de trabalho e das doenças profissionais e do trabalho, impõem-se atitudes como a quebra desse sigilo devido à obrigatoriedade da notificação às autoridades governamentais, fato que por um lado pode gerar direitos, compensações ou indenizações aos trabalhadores, e por outro prisma pode dar causa a tentativas de omissão dessa notificação por parte de seus empregadores ou dos próprios profissionais da saúde que lhes prestam assistência. Esses conflitos são corroborados pelas estatísticas oficiais que demonstram, historicamente, a subnotificação das doenças relacionadas ao trabalho. Paradoxalmente, em que pese o país contar com cerca de 28.000 médicos do trabalho, causa surpresa que apenas 17.440 doenças ocupacionais tenham sido notificadas à Previdência Social em 2001.

Na entrevista, desde que o trabalhador-paciente veja o médico como fonte potencial de auxílio, não objetará em comunicar, de modo mais ou menos espontâneo, qualquer assunto que lhe pareça estar relacionado com suas queixas, bastando que o profissional da saúde sintonize a sua escuta.

Quando diante de um médico-perito, o trabalhador espera encontrar algo mais que um ouvinte afável ou um "juiz julgador", especialmente em situações que não são originadas voluntariamente, pois o entrevistado é compulsoriamente encaminhado, para fins legais, a um perito que avaliará sua capacidade laborativa e definirá sua situação previdenciária que lhe garanta direitos, benefícios e serviços ou que lhe negue o nexo causal e lhe determine o retorno ao trabalho. Não encontrará, nesse caso pericial, um médico que tratará sua enfermidade ou que tratará a nocividade de seu ambiente de trabalho que está enfermo e comprometeu a sua saúde. Na relação do trabalhador com seu médico-perito, suas reações são particularmente importantes para o trabalho, pois a entrevista para determinação do nexo técnico entre o trabalho e sua doença e a definição da conduta previdenciária não implicam uma intervenção verdadeiramente terapêutica. Entretanto, o trabalhador estará motivado para conhecer a repercussão de sua doença sobre o seu futuro profissional na empresa e entre seus companheiros de trabalho e seus familiares. Além disso, por ocasião do diagnóstico ou do estabelecimento do nexo causal, pode ocorrer a exacerbação de seus sintomas ou omissão de certos aspectos de sua história ocupacional, denotando, em última análise, o conflito da relação entre capital e trabalho e seus aspectos socioeconômicos daí decorrentes.

A complexidade dessa comunicação indica que a entrevista é mais arte que ciência. A entrevista, como ferramenta e como processo de comunicação essencial para a construção da história ocupacional, é uma técnica fundamental do método clínico. Possui uma variedade de objetivos no contexto da saúde do trabalhador: investigação clínica e psicológica, diagnóstico, rastreamento, diagnóstico, tratamento, pericial, forense, onde intervêm, inevitavelmente, fatores psicossociais e econômicos.

Como técnica de investigação científica, não é propriamente uma anamnese, e possui regras ou indicações práticas para sua execução, podendo ser aberta ou fechada, individual ou grupal. A anamnese implica uma compilação de dados preestabelecidos, com tal amplitude e detalhamento que permite obter uma síntese, tanto da situação atual, presente, como da história de um indivíduo, de sua doença e de sua saúde, como menciona *Bleger* (1993). Destaca esse autor que na anamnese, a preocupação e a finalidade residem na compilação de dados, permanecendo o paciente como mediador entre sua enfermidade, sua vida e seus dados por um lado, e o médico por outro. Caso o paciente não forneça as informações, elas podem ser "extraídas". Para *Bleger*, uma parte do tempo investido em uma consulta deve ser empregada como entrevista e outra para completar a indagação ou os dados necessários para a anamnese, porém não existindo razões para ser desvirtuada em um interrogatório.

Com relação ao beneficiário da história ocupacional, podemos apontar:

a) história ocupacional em benefício do entrevistado, como a que ocorre nos casos de consultas clínicas provocadas pelo trabalhador, ao buscar livremente o atendimento técnico e profissional;

b) história ocupacional com objetivo de pesquisa, como em casos de rastreamento feito por serviços de saúde do trabalhador, universidades ou sindicatos;

c) história ocupacional que envolve o interesse de terceiros: direção de empresas e instituições, perícia médica do INSS, investigação de denúncias ou de acidentes de trabalho feita por Auditores Fiscais do Trabalho, sindicatos de trabalhadores, busca ativa de casos a partir de caso-índice pelo SUS, companhias de seguro, estabelecimento de termos de compromisso ou ação civil pública impostas pelo Ministério Público do Trabalho, peritos judiciais na elaboração de laudos técnicos para as Varas do Trabalho, serviços médicos de empresas ou serviços especializados em engenharia de segurança e medicina do trabalho, advogados e prepostos para fins forenses;

d) história ocupacional integrante das avaliações clínicas, para o cumprimento do planejamento anual das ações de saúde previsto pelo coordenador do programa de controle médico de saúde ocupacional das empresas.

Cada um desses momentos de construção da história ocupacional utilizando a entrevista implica motivações distintas a serem levadas em consideração, já que podem atuar sobre as atitudes do entrevistador e do entrevistado. Em que pese serem a entrevista e a anamnese um tipo especial de relação interpessoal, a diferença básica reside no fato de que a entrevista procura fazer com que o campo seja configurado especialmente pelas variáveis que dependem do entrevistado. Significa dizer que o entrevistador controla a entrevista, porém quem a dirige é o entrevistado. Do ponto de vista psicológico, na anamnese trabalha-se com a suposição de que o paciente conhece sua vida e está capacitado para fornecer dados sobre a mesma, enquanto a hipótese da entrevista é que cada ser humano tem organizada uma história de sua vida e um esquema de seu presente e, dessa história e deste esquema, temos que deduzir o que ele não sabe ou investigar o que procuramos saber. Segundo *Bleger*, aplicando a função de escutar, aliada às funções de vivenciar e observar, o estudo científico da entrevista tem reduzido sua proporção de arte e incrementado sua operacionalidade e utilização como técnica científica. Cada entrevista tem um contexto definido por um conjunto de constantes e variáveis atinentes ao entrevistador (formação profissional, competências, ética, atitude, identificação, habilidades, personalidade, expectativas), ao entrevistado (formação profissional, experiência de vida, traços de caráter, estrutura comportamental, ansiedade, expectativas, defesas) e às suas relações interpessoais, mediadas pelas interações e pelo processo de comunicação. É através desse processo de comunicação que se realiza a interdependência e interrelação, o condicionamento recíproco de suas respectivas condutas. Nesse processo a palavra tem enorme gravitação e significado, ainda que a comunicação pré-verbal também intervenha ativamente (atitudes, expressões corporais, timbre e tonalidade da voz, por exemplo). As condições naturais da conduta humana são as próprias condições humanas e no caso da entrevista ocupacional o próprio entrevistador deve assumir a sua condição humana e não se sentir acima do entrevistado ou em situação privilegiada diante dele. Toda conduta se dá sempre num contexto de vínculos e relações humanas e a entrevista é a situação "natural" em que deveria acontecer o fenômeno que nos interessa estudar.

Na construção da história ocupacional, a maior parte da informação pode ser obtida a partir de uma entrevista clínica, baseada no relato individual do trabalhador, juntamente com a observação clínica dos ambientes e das condições de trabalho. Existem, porém, outras fontes de informação a serem consideradas: relatos adicionais de companheiros de trabalho, de membros da comissão interna de prevenção de acidentes de trabalho (CIPA), de grupos de trabalhadores do benzeno (GTB), de representantes dos trabalhadores (sindicalistas), de gestores de risco no trabalho, além de histórias e depoimentos que podem ser obtidos através de informantes, como familiares ou amigos do trabalhador.

Em decorrência desse processo de comunicação, existem objetivos específicos e efeitos esperados como resultado dessa interação clínica, influenciados pelo propósito da entrevista (manifesto ou latente), pela motivação do trabalhador (condição voluntária ou involuntária) e do profissional da saúde (orientação filosófica, valores, crenças). A técnica de entrevista mais comumente empregada é a do questionamento, por meio de perguntas abertas ou diretas, embora possam ser utilizadas a reexposição ou paráfrase (colocar em outras palavras, de maneira clara, o que o indivíduo relata), a confrontação (apontar as discrepâncias entre o que é observado e o que é relatado), o silêncio (oportunizar o processamento e a compreensão do que foi dito), a exploração (investigação adicional de tópicos que requerem exame mais acurado).

As características pessoais do profissional da saúde que está alicerçando uma história de exposição ocupacional inclui a capacidade de compreender o trabalhador a partir da perspectiva do próprio trabalhador (empatia), autenticidade, cordialidade, respeito e consideração. Como processo de relacionamento humano, a entrevista é caracterizada pela reciprocidade e participação compartilhadas por sentimento de compreensão e confiança mútua, conforme refere *Gruba-McCallister* (p. 44, 1991).

Quando ocorre a entrevista em um contexto litigioso, pericial ou forense, ou alimentando um processo judicial, surge um outro elemento intrínseco e diferencial: a coerção. Decorre daí não haver uma participação totalmente voluntária e o profissional da saúde poderá ser chamado a intervir como um "hóspede convidado, perito nomeado, especialista designado, mas não necessariamente idealizado pelo trabalhador". Situações dessa natureza podem afetar a entrevista através do emprego de artifícios como simulação por parte do entrevistado (que consiste no fingimento de sintomas que não existem ou que são grosseiramente exagerados), ou a dissimulação ou ocultação por parte do entrevistador ou do entrevistado (que consiste no encobrimento ou minimização dos sintomas que na realidade existem), distorção de informações, divergência de informações, como conseqüência da coerção ou da expectativa de negar uma compensação ou assegurar um benefício secundário.

Fica evidente, portanto, que na entrevista adotada para a construção da história ocupacional, o principal instrumento de avaliação é o profissional da saúde, como um observador-participante, atuando num campo polarizado, tendo de um lado a natureza humana do processo de comunicação e de outro a "imparcialidade científica" e o dispositivo legal.

É importante ressaltar a necessidade de capacitar os profissionais da saúde, a partir de seus estudos acadêmicos, quanto à habilidade clínica de elaborar a entrevista ocupacional. Referem *Platt* e *McMath* (1979) que ao observarem mais de trezentas entrevistas clínicas constataram nelas, cinco defeitos principais: baixo conteúdo terapêutico, base de dados incompleta, falha na geração de hipóteses, falha na apuração de dados primários e aceitação de dados secundários e terciários e entrevista com elevado estilo concentrador na figura do entrevistador.

A obtenção da história ocupacional poderá utilizar como instrumento a entrevista e, em complementação, adotar um questionário para coleta de dados. Embora possam, em conjunto, enriquecer as informações, o quadro 17 destaca algumas diferenças entre esses instrumentos:

Quadro 17: diferenças entre os instrumentos de coleta de dados, a entrevista e o questionário

Entrevista	Questionário
Permite investigação mais ampla das variáveis e da personalidade do entrevistado	Permite abordagem sistematizada e cronológica, porém mais restrita
Oferece liberdade para perguntas ou intervenções do entrevistador	Oferece uma abordagem padronizada, com menor liberdade
Flexível, permitindo ao entrevistado configurar o campo da entrevista segundo sua estrutura psicológica e sua percepção de fatores de risco ocupacionais	Rígida, perguntas são formuladas conforme ordenamento prévio do questionário
O campo da entrevista se configura pelas variáveis que dependem da formação, experiência e vivências do entrevistado, além da sua personalidade	Permite melhor comparação sistemática de dados registrados, estruturados a partir do conhecimento técnico do entrevistador

Outro aspecto relevante da entrevista ocupacional refere-se ao fato de que alguns entrevistados poderão repetir a mesma história estereotipada em diferentes momentos, seja com o mesmo ou com vários entrevistadores, ou poderão, alguns entrevistados, em diversas entrevistas, oferecer variadas histórias ou diferentes esquemas de sua vida laboral que manterão entre si relação de complementação ou de contradição. Na abordagem psicológica da entrevista, o entrevistador deve atentar para a simulação, sendo considerada como uma parte dissociada da personalidade que o entrevistado não reconhece totalmente como sua, ao passo que na anamnese, a simulação perde o valor que teria como fator de perturbação. Quando se entrevistam vários integrantes de uma fábrica, divergências e contradições são freqüentes e constituem dados sobre como cada um de seus membros organiza, numa mesma realidade, um campo psicológico que lhes é específico. O conjunto das avaliações oferece uma indicação fiel do caráter do grupo ou da instituição, de suas tensões ou conflitos, de seus mecanismos grupais de defesa ou de resistência frente aos fatores de risco laborais.

O processo de comunicação também deve incluir a preocupação com outras variáveis como a *dimensão temporal*, pois a duração da entrevista pode ser importante fator de limitação para a obtenção de dados completos da história ocupacional. O *ambiente da entrevista*, resguardando a privacidade do entrevistador e do entrevistado, também constitui variável a ser observada. Os *conteúdos verbais* da entrevista, identificados no entrevistado, através de seu vocabulário próprio e de seu estilo de linguagem, coloquialismos e jargões e identificados no entrevistador, através da linguagem técnica, acadêmica, formal, às vezes distanciando a compreensão e o entendimento. Os *conteúdos não-verbais* também merecem atenção no entrevistado, representados pela expressão facial, comportamento motor, postura, gestos, atributos e qualidade da voz, respostas emocionais (colaborativo, insinuante, sedutor, tenso, agressivo, melancólico, deprimido, triste, culpado, irritado, envergonhado, ansioso em relação a sua enfermidade e as suas expectativas e com a reação do profissional de saúde) e no entrevistador, representados pela facilidade ou dificuldade em concentrar-se na exposição do trabalhador, resposta técnica com base em suas competências, habilidades e valores, sensibilidade aos sentimentos alheios, respostas emocionais (reativo, neutro, confiante, indiferente, arrogante, colaborativo, compreensivo, impaciente, ansioso pela necessidade de tomada de decisão).

A *efetiva aliança* entre o entrevistado e o entrevistador, a *qualidade das relações humanas* e os *significados explícitos e implícitos* desse processo de comunicação determinarão os desfechos da anamnese ocupacional como construção sociotécnica e ética.

CAPÍTULO 7

A HISTÓRIA OCUPACIONAL COMO PREVENÇÃO PRIMÁRIA: O RASTREAMENTO

"As pessoas culpam sempre as circunstâncias. Só triunfa no mundo quem se levanta e procura as circunstâncias, e as cria, se não as encontra." (Shaw)

Na prática clínica, os princípios do rastreamento *(screening)* são aplicados pela medicina preventiva, habitualmente envolvendo questionários, exames físicos, testes de laboratório, testes radiológicos, audiométricos e outros, efetuados em pacientes assintomáticos, na esperança de descobrir transtornos ou moléstias em fase subclínica e melhorar a saúde dos pacientes e da população em geral.

No campo da saúde do trabalhador, os testes de rastreamento representados pelos exames toxicológicos para indivíduos com exposição química ocupacional (alguns metais, agrotóxicos, solventes, gases) e os exames audiométricos referenciais e seqüenciais são exemplos de intervenções preventivas que visam a detecção de situações ainda reversíveis ou que procuram obstaculizar ou retardar a evolução da moléstia, tendo por base a prevenção secundária. Para um trabalhador que já teve desencadeada a sua perda auditiva ocupacional, a mera inclusão desse indivíduo em programa de conservação auditiva e em programa mais assíduo de gerenciamento audiométrico constitui exemplo de emprego de rastreamento com base na prevenção terciária.

Como prática preventiva, enfatizamos a utilização da história ocupacional como elemento de *prevenção primária*, especialmente quando construímos a história de exposição ocupacional a fatores ou condições de risco por ocasião da execução de exames médicos admissionais ou de mudança de função, desde que seja realizado o reconhecimento antecipado e precoce da exposição. Por ocasião dos exames periódicos e demissionais, a história ocupacional insere-se nos exemplos de *prevenção secundária*, especialmente para fins de diagnóstico precoce e tratamento imediato do trabalhador ou para o seu afastamento do risco, ou de *prevenção terciária*, para fins de afastamento do trabalho, para o pleito de compensações e indenizações ou para a inserção nos processos de reabilitação profissional, momentos em que os custos humanos e econômicos se sobressaem.

Isoladamente, o rastreamento não diagnostica uma moléstia mas, dá início ao processo pelo qual o profissional da saúde pode avaliar a probabilidade ou risco de determinado trabalhador ou conjunto de trabalhadores ter ou vir a desencadear determinada doença. A incorporação do conceito de fatores de risco que podem ser causais ou podem funcionar como marcadores de risco é utilizada no contexto da saúde do trabalhador como *screening* para as doenças relacionadas ao trabalho e para prevenção de acidentes de trabalho. Assim, o rastreamento é um *processo de identificação* de um trabalhador ou de um grupo de trabalhadores que apresenta *elevado risco de possuir uma doença assintomática* ou que apresenta um ou mais *fatores de risco que o coloque em maior probabilidade de desencadear uma doença ou de sofrer um acidente de trabalho*. O rastreamento pretende separar pessoas que estão aparentemente bem de saúde, mas que apresentam um fator de risco para desenvolver a doença, daquelas que não o apresentam e, como afirmam *Fletcher R., Fletcher S.* e *Wagner* (1996) os testes de rastreamento são parte de muitas atividades de prevenção primária e de todas as de prevenção secundária (especialmente no atendimento de adultos).

Identificados pela história ocupacional um ou mais fatores de risco de natureza física, química, biológica, ergonômica ou psicossocial, se faz necessário o desencadeamento de medidas preventivas e de controle sobre o ambiente nocivo e prejudicial à saúde, sobre as condições e organização do trabalho, e sobre a individualidade dos trabalhadores. Portanto, um programa de rastreamento primário, com base na história ocupacional, tem como alvo identificar e subseqüentemente reduzir ou abolir os fatores de risco do ambiente de trabalho.

O impacto potencial do uso da história ocupacional como prática de rastreamento primário ainda não é suficientemente estudado em nosso meio.

Em adição, o próprio órgão fiscalizador das condições e dos ambientes de trabalho nunca enfatizou, por exemplo, a abordagem da inspeção prévia ou da declaração das instalações, referida para todos os estabelecimentos novos, antes de iniciarem suas atividades e disposta em Norma Regulamentadora específica do

Ministério do Trabalho e Emprego, a NR-2, em que pese afirmar que essa inspeção prévia e a declaração de instalações constituem os elementos capazes de assegurar que os novos estabelecimentos iniciem suas atividades livres de riscos de acidentes ou doenças do trabalho e determinar que esses estabelecimentos fiquem sujeitos ao impedimento de seu funcionamento, quando não atendida essa norma. Ao manter o modelo de declaração das instalações, prevê a comunicação do número de trabalhadores previstos do estabelecimento, o tipo de atividade principal, a descrição das instalações e dos equipamentos, a discriminação dos agentes insalubres e dos fatores de risco de natureza ergonômica, as condições higiênico-sanitárias, entre outras informações. Portanto, a natalidade das histórias de vida no trabalho surge com o início da entrada no mundo do trabalho, seja formal ou informal. Quando se iniciam atividades econômicas em novos estabelecimentos e locais de trabalho, é indispensável o registro detalhado dessa nova atividade laboral exercida pelos trabalhadores, bem como de seu acompanhamento.

A história ocupacional como rastreamento pode perfeitamente atingir os princípios gerais do *screening*, pois se refere a um problema importante de saúde pública (exposição ocupacional a fatores de risco), de incidência e prevalência comuns, tendo um custo razoável, sem denotar riscos adicionais para a saúde dos trabalhadores, sendo aceitável para os trabalhadores e a sociedade, podendo mudar o prognóstico "natural" do transtorno ou da moléstia que está sendo vislumbrada a curto, médio ou longo prazo, desde que sejam superadas as barreiras do sistema de saúde e dos próprios profissionais da saúde que ainda não incorporaram, definitivamente, essa prática preventiva entre suas prioridades.

A HISTÓRIA OCUPACIONAL COMO INSTRUMENTO DE RASTREAMENTO

Como instrumento básico de rastreamento ou triagem, a história ocupacional em todas as entrevistas com trabalhadores poderia, minimamente, utilizar a clássica *questão-chave* recomendada por *Ramazzini* e ser complementada pelas *questões do cotidiano do trabalho atual e passado*, sugeridas por *Azambuja* e *Mendes* (2003), conforme apresentamos na figura 7:

Figura 7: questões de rastreamento para a história ocupacional

Questão-chave

Qual é a sua ocupação?

O que faz?
Com o que faz?
Como faz?
Onde faz?
Com quem faz?
Em que condições faz?
Há quanto tempo?
E antes disso?

} *Questões do cotidiano do trabalho*

Aos estudantes das áreas de saúde é ensinado que a história representa a fonte primária de informação, sendo a mais importante interação com o paciente, e que os achados do exame físico e, quando necessário, os resultados dos exames complementares confirmam o diagnóstico. Todavia, tradicionalmente, menor ênfase é dada à obtenção da história ocupacional rotineira em cada paciente, omitindo-se, por conseqüência, relevantes informações acerca da história de exposição ambiental e ocupacional, como afirma *Frank* (2001). Como reforço para a elaboração da história ocupacional, *Storey et al.* (2001) referem um relatório publicado pelo Instituto de Medicina da Academia Nacional de Ciências dos Estados Unidos, concluindo que todos os médicos de atenção primária deveriam ser capazes de identificar condições possivelmente induzidas ocupacionalmente ou ambientalmente e fazer o adequado encaminhamento. Destacam esses autores, ainda, a informação de que apenas 68% das escolas médicas americanas ensinam saúde ocupacional e ambiental, com um tempo médio curricular de seis horas e concluem que embora tradicionalmente negligenciada, a história ocupacional, como componente da história social, é reconhecida como essencial para a obtenção de dados relativos aos pacientes atendidos.

Como exercício de triagem, considerando-se a otimização do tempo disponível para o atendimento de cada paciente, é válido referendar *questões-chave de rastreamento* como as propostas por *Lax et al.* (1998), que podem ser complementadas por um questionário auto-administrado, para a obtenção de uma eficiente história ocupacional:

1. Que tipo de trabalho você faz?

2. Você pensa que seus problemas de saúde poderiam estar relacionados com seu trabalho?

3. Os seus sintomas são diferentes, no trabalho ou em casa?

4. Você está presentemente, ou esteve no passado, exposto a produtos químicos, poeiras, metais, radiação, ruído ou trabalho repetitivo?

5. Seus companheiros de trabalho apresentam sintomas similares?

Se as respostas a uma ou mais dessas questões sugerem que os sintomas do paciente estejam relacionados com o trabalho ou que o paciente esteve exposto a materiais perigosos, uma detalhada história ocupacional deveria ser obtida, pois um conjunto padronizado de questões solicitadas a cada paciente é, isoladamente, o mais importante método para reconhecer o nexo entre a doença e a ocupação.

Como contribuição para o desenvolvimento da presente proposta, afirmam *Landrigan* e *Baker* (1991) que o médico pode *adotar um sistema para elaborar a história ocupacional*, onde uma breve, mas sistemática, abordagem avança através de quatro estágios:

Estágio 1: perguntar a todos os pacientes as questões rotineiras de rastreamento, para avaliar a possível origem ocupacional da doença;

Estágio 2: perguntar questões específicas sobre quaisquer fontes de exposição identificadas no estágio 1;

Estágio 3: identificar quaisquer materiais perigosos que podem ser descobertos a partir das questões dos estágios precedentes;

Estágio 4: seguimento *(follow-up),* com consulta e resolução dos problemas identificados nos estágios 1 a 3.

Reconhecem esses autores que pode não ser possível obter uma história detalhada de cada paciente, porém, pelo menos, o médico deveria rotineiramente perguntar a cada novo paciente uma série de *questões de rastreamento* que, no mínimo, incluiria:

a) o mais recente ou atual emprego (indústria e ocupação);

b) os empregos anteriores mantidos por mais tempo;

c) uma questão genérica sobre exposições ocupacionais atuais ou passadas a produtos químicos, fumos, gases, poeira, ruído, radiação ou a outros riscos físicos;

d) indagar se o paciente acha que existe ou existiu um risco à saúde no trabalho;

e) atentar para qualquer relação temporal referida entre o trabalho e o início dos sintomas;

f) qualquer história de exposição suspeita ou de evento-sentinela em saúde ocupacional requer que o médico elabore uma história ocupacional completa.

O Periódico de Medicina Ambiental e Ocupacional (Journal of Occupational and Environmental Medicine — JOEM) aponta para cinco questões básicas da história ocupacional que podem ser utilizadas como rastreamento:

1. O que você faz?

2. Como você faz?

3. Você está preocupado a respeito de qualquer exposição no trabalho ou fora dele?

4. Companheiros de trabalho ou outras pessoas também estão expostas?

5. Está satisfeito com seu trabalho?

Na detecção e prevenção das doenças ambientais e ocupacionais, o clínico pode desempenhar um importante papel quando equipado com uma abordagem sistematizada, preconizada por *Goldman* e *Peters* (1981), ao seguir quatro etapas:

Etapa 1: avaliação de rotina em todos os pacientes, emprego atual e anteriores, revisão de sistemas, queixa principal e sua relação temporal com atividades laborais ou domésticas;

Etapa 2: estudo das fontes de exposição no local de trabalho, descrevendo operações executadas, produtos fabricados, doença similar em outros trabalhadores e nas circunvizinhanças do lar, próximo a indústrias, poluição ambiental, roupas contaminadas levadas para casa, uso de produtos tóxicos no domicílio, passatempos;

Etapa 3: identificação e manipulação de produtos perigosos, forma de manuseio, ventilação ambiental e equipamentos de proteção, modos de absorção;

Etapa 4: seguimento, encaminhamentos e resolução do problema.

Na figura 8, adaptada a partir das idéias desses autores, apresentamos visão esquemática dessa abordagem:

Figura 8: abordagem sistemática da história para o diagnóstico da doença ambiental ou ocupacional, adaptada e modificada de *Goldman* e *Peters*

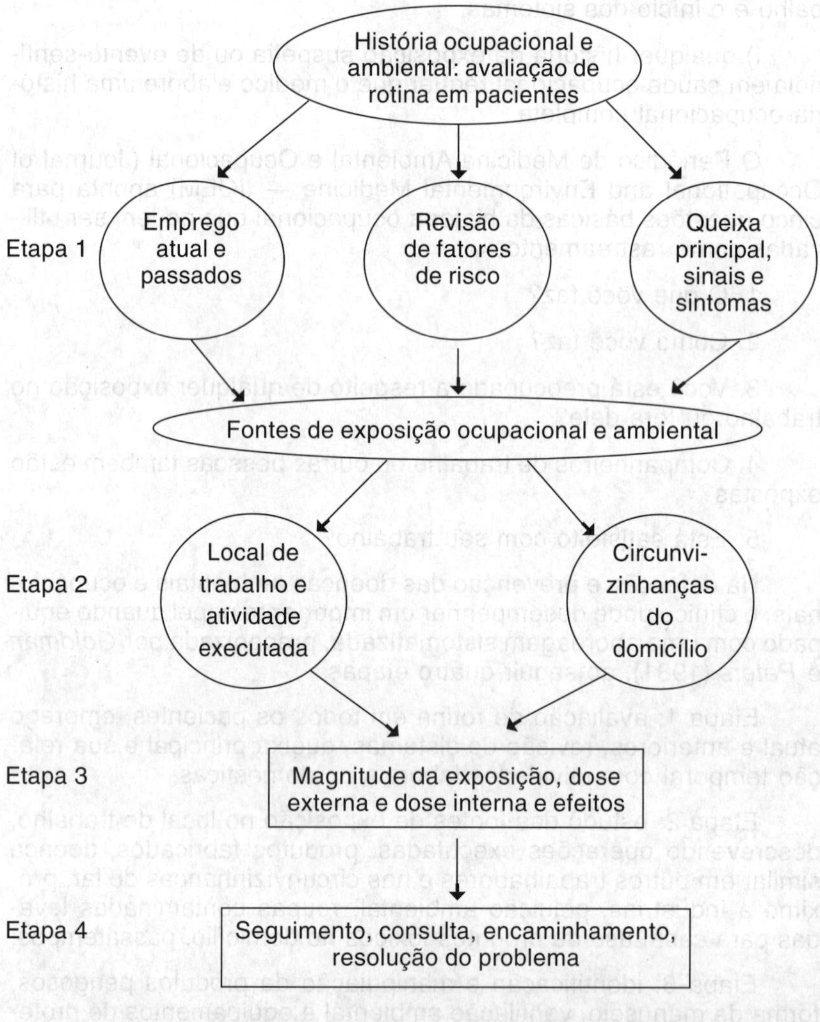

A história ocupacional, como prática de rastreamento, justifica-se pela gravidade das condições médicas, pela carga das doenças relacionadas com o trabalho, pelo sofrimento e pelo elevado custo econômico e social dos acidentes de trabalho no país. Lamentavelmente, nenhum destes desfechos (incapacidade laborativa temporária ou definitiva, parcial ou total, ou óbito de trabalhador) oriundos do trabalho é condição rara. Dada a simplicidade, segurança, aceitabilidade e baixo custo da anamnese ocupacional, bem como devido à possibilidade efetiva de prevenção (intervenção) nos ambientes de trabalho para sanear os fatores de risco, o rastreamento encontra respaldo técnico, ético e social para ser amplamente empregado pelos profissionais da saúde que prestam assistência aos trabalhadores. Como exercício ou teste de rastreamento, a história ocupacional tem a capacidade de suscitar intervenções primárias, contribuir para a detecção precoce e para a remoção dos fatores de risco laboral e, por extensão, auxiliar as empresas e os trabalhadores a melhorar a qualidade de vida no trabalho.

CAPÍTULO 8

ELEMENTOS DE UMA HISTÓRIA OCUPACIONAL DETALHADA

"Não somos responsáveis apenas pelo que fazemos, mas também pelo que deixamos de fazer." (Molière)

O DIREITO À SAÚDE DO TRABALHADOR E A HISTÓRIA OCUPACIONAL

A anatomia de uma história ocupacional de triagem consta de um conjunto simplificado de questões já referidas, de natureza genérica, cuja estrutura fica restrita ao processo de comunicação, baseado na entrevista individual ou de grupos de trabalhadores. Nessa abordagem, via de regra, alguns poucos minutos são investidos para indagar questões abertas ou fechadas, numa fase exploratória. Todavia, para uma abordagem mais detalhada e sistemática, é possível ampliar o instrumento de coleta de dados com a elaboração de questionários que apresentam formatos de extensão variável, mais ou menos específicos, com ou sem o auxílio de questões quantificadas em escalas, sendo mais dispendiosos no tempo. Em adição, a visita aos ambientes e postos de trabalho, caso seja viável, constitui mais um elemento dinâmico de convicção para esse detalhamento.

A construção de uma história ocupacional detalhada e abrangente carece de um modelo padronizado de questionário, embora diversos questionários tenham sido publicados para os mais diversos propósitos, como afirma *Lerner* (1997). A história ocupacional e ambiental integra a história social do trabalhador que, por sua vez, complementa a história clínica interessada na queixa principal, na história da doença atual, história médica pregressa, história familiar e revisão de sistemas. Porém, ainda não é rotina a utilização de questionário-padrão para a elaboração da anamnese ocupacional pelos profissionais de saúde, lacuna também existente em centros universitários e hospitais-escola. A inexistência desse registro equivale a uma queima de arquivo, impossibilitando vislumbrar as repercussões do trabalho sobre o processo saúde-doença dos trabalhadores. A legislação relativa à segurança e medicina do trabalhado, em que pese ter publicado em várias ocasiões alguns modelos ou fichas de registro (atas da CIPA, certificado de registro de fabricante de equipamento de proteção individual, certificado de registro de importador de equipamento de proteção individual, modelo de cadastro dos utilizadores do asbesto, ficha de controle de inspeção de extintores, modelo de declaração de instalações, modelo de Carteira de Identidade Fiscal, quadro-modelo de relatório anual do PCMSO, certificado de aprovação de instalações, modelos de mapas constantes dos quadros III, IV, V e VI da Norma Regulamentadora n. 4, entre outros) foi incapaz de sugerir, recomendar ou determinar um modelo básico para o assentamento da história ocupacional, ratificando a idéia de que o "essencial permanece invisível aos olhos".

Para *Pereira* (1989), os itens relevantes de uma história ocupacional incluem:

1. Listar em ordem cronológica todos os empregos.
2. Descrever as atividades executadas.
3. Descrever um dia típico de trabalho.
4. Descrever o processo de produção, tecnologia, objeto final da produção.
5. Relatar os horários, turnos, pausas, ritmos de trabalho, período de férias.
6. Descrever as medidas de proteção coletivas percebidas no local de trabalho, incluindo ventilação, condições sanitárias e de conforto, alimentação.
7. Descrever as medidas de proteção individuais: capacitação, treinamentos recebidos, preparação para emergências, equipamentos de proteção individuais recebidos e utilizados.
8. Relatar a existência e participação em programas de saúde no trabalho, políticas de segurança e saúde no trabalho, sistema de gestão de riscos.
9. Faz exames regulares de saúde: admissionais, periódicos, demissionais? E de mudança de função e de retorno ao trabalho?
10. Faz exames complementares de saúde, conhece os resultados desses exames?

11. Está informado dos resultados de levantamentos de riscos nos locais de trabalho?

12. Seu sindicato tem denunciado algum problema de saúde no trabalho?

13. Já teve acidente de trabalho ou doença relacionada ao trabalho? Descrever as causas, efeitos, seqüelas, condutas administrativas e previdenciárias.

14. Descrever as razões e períodos de absenteísmo no trabalho. Descrever o processo de comunicação na empresa, as relações entre chefias e subordinado.

15. Descrever a exposição ocupacional a fatores de risco existentes nas atividades, no seu posto ou local de trabalho.

Afinal, como afirmam *A. Fuhrer* e *E. Fuhrer* (2002), a história do trabalho é uma história de terror, pois a própria origem da palavra "trabalho", do latim vulgar, *tripalium*, identifica um instrumento de tortura composto de três paus. A história registra, em vários momentos, que as mudanças na base tecnológica, ora suscitando migração de mão-de-obra, ou desemprego, ou novas formas de produção e de organização do trabalho, foram avassaladoramente impondo precárias condições de trabalho e sofrimento, e novas fontes de acidentes e doenças do trabalho.

Sua importância é ratificada pela Constituição da República de 1988, já em seu artigo 1º, onde o trabalho foi considerado como um valor social, ao lado da soberania, da cidadania, da dignidade da pessoa humana e do pluralismo político, e como um direito social, conforme o artigo 6º, como refere *Oliveira* (1998), ressaltando ainda que a ordem econômica deverá estar apoiada na valorização do trabalho e a ordem social terá como base o primado do trabalho.

Nesse sentido, o direito à saúde no trabalho tem assentamento na dignificação do trabalho. Nesse momento, cabe-nos indagar: por que continuar a negligenciar a história ocupacional?

A figura 9 apresenta algumas variáveis relacionadas com o mundo do trabalho, tendo como alvo o primado do trabalho, base da ordem social, conforme a Constituição Federal de 1988, e que interferem nas mudanças e nas tendências do perfil de morbidade e mortalidade dos trabalhadores e auxiliam a investigar as relações entre saúde e trabalho:

Figura 9: o primado do trabalho e suas principais interfaces

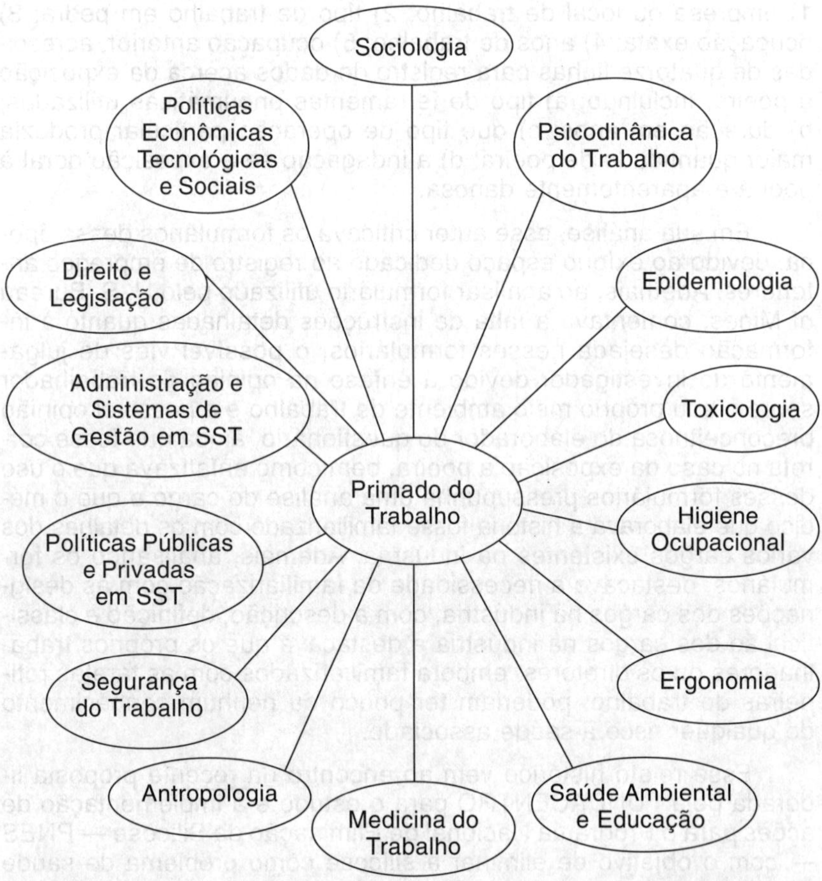

MODELOS DE QUESTIONÁRIOS PARA CONSTRUÇÃO DA HISTÓRIA OCUPACIONAL DETALHADA

O cirurgião *Sayers* (1934), por volta de 1920, referenciava que no formulário usual para o exame físico, uma ou duas linhas eram dedicadas à ocupação, na *abordagem da silicose* ou para uso na indústria, incluindo as perguntas "qual é a sua atual ocupação" (com instruções sobre a classificação genérica e as designações ou tarefas específicas, com descrição sumária) e "ocupações prévias" (com instruções para fornecer a ocupação principal e o período de tempo nela engajado). No ano seguinte, para o estudo da tuberculose em indústrias poeirentas, dez linhas eram fornecidas para registro da 1) empresa ou local de trabalho; 2) tipo de trabalho em pedra; 3) ocupação exata; 4) anos de trabalho; 5) ocupação anterior, acrescidas de quatorze linhas para registro de dados acerca da exposição à poeira, incluindo: a) tipo de ferramentas pneumáticas utilizadas; b) duração em anos; c) que tipo de operação particular produzia maior quantidade de poeira; d) a indagação se a exposição geral à poeira é aparentemente danosa.

Em sua análise, esse autor criticava os formulários dessa época, devido ao exíguo espaço dedicado ao registro de empregos anteriores. Ademais, ao analisar formulário utilizado pelo U. S. Bureau of Mines, comentava a falta de instruções detalhadas quanto à informação desejada nesses formulários, o possível viés de julgamento do investigador devido à ênfase na opinião do trabalhador sobre o seu próprio meio ambiente de trabalho e à possível opinião preconceituosa do elaborador do questionário, ainda que fosse correta no caso da exposição à poeira, bem como enfatizava que o uso desses formulários pressupunha uma análise do cargo e que o médico que elaborava a história fosse familiarizado com os detalhes dos vários cargos existentes na indústria. Ademais, analisando os formulários, destacava a necessidade da familiarização com as designações dos cargos na indústria, com a descrição, definição e classificação dos cargos na indústria e destacava que os próprios trabalhadores ou os diretores, embora familiarizados com as tarefas rotineiras do trabalho, poderiam ter pouco ou nenhum conhecimento de qualquer risco à saúde associado.

Esse relato histórico vem ao encontro da recente proposta liderada pela FUNDACENTRO para o estudo e a implementação de ações para o Programa Nacional de Eliminação da Silicose — PNES — com o objetivo de eliminar a silicose como problema de saúde pública até o ano de 2030. Entre as múltiplas ações, a vigilância epidemiológica deverá encontrar, na construção da história ocupacional atual e remota, um aliado indispensável, pois como refere *McDiarmid* (1991) é importante e significativa a contribuição do registro da história de trabalhos passados e remotos, já que esses dados não são ordinariamente coletados dos registros médicos, ou são incompletos ou de má qualidade, freqüentemente restritos à ocupação atual, mais recente, sendo relevantes para documentar a exposição ocupacional a fatores potenciais de risco para pacientes com câncer pulmonar. Acrescente-se que a sílica livre e cristalina há poucos anos foi incluída como agente definitivamente causador de câncer pulmonar. Em acréscimo, *Kuschner* e *Stark* (2003) citam três características comuns das doenças pulmonares ocupacionais: a) são causadas ou agravadas pela exposição ocupacional; b) são preveníveis; c) potencialmente indenizáveis, e revelam que uma causa ocupacional deve ser considerada em todos os trabalhadores em que forem diagnosticados casos novos de asma ou doença pulmonar parenquimatosa difusa, ainda destacando que uma história ocupacional preliminar pode ser elaborada em dois minutos.

A preocupação com as barreiras para o reconhecimento das doenças ocupacionais, no trabalho desenvolvido por *Harber* e *Merz* (2001), evidenciou que as limitações do tempo disponível para realizar a história ocupacional e do conhecimento e treinamento específico são fatores predominantes entre médicos de atenção primária de saúde e especialistas em medicina ocupacional. Destacam esses autores que apenas aumentando o conhecimento, por si só, não melhorará, o reconhecimento e a intervenção para a doença ocupacional pois a limitação do tempo foi uma barreira muito significativa. Nesse sentido, a ênfase repetitiva na história ocupacional completa poderia ser contraprodutiva se existir severa restrição de tempo para a sua execução. Para solucionar essa limitação, sugerem:

1) uma história ocupacional e ambiental focada, a partir da habilidade de selecionar questões que são mais relevantes para cada situação específica;

2) história dirigida, de modo que apenas aos indivíduos de alto risco seja realizada uma história completa ou que seja realizada visita ao local de trabalho;

3) desenvolvimento de métodos para que outros profissionais da saúde ou paramédicos sejam treinados e possam executar essa atividade; e

4) deveria ser fornecida compensação financeira para esse esforço, justificando o tempo dispensado.

Ao concluírem, recomendam que novas estratégias atendam essas duas limitações (tempo e conhecimento), pois além de ensinar fatos sobre doença ocupacional, é aconselhável ensinar como obter mais eficientemente informação relevante ao caso, a exemplo da abordagem experimental através de bases de dados inteligentes para a obtenção da história semi-automaticamente.

As observações de *Storey et al.* (2001), relativamente ao precário reconhecimento das etiologias ocupacionais da doença pelos médicos, indicam que uma acurada história ambiental e ocupacional é o primeiro passo essencial que permite a todos os médicos a oportunidade de obter informação pertinente que pode conduzir ao reconhecimento da etiologia em pacientes com potencial doença relacionada ao trabalho, e ressaltam a necessidade de reforço no treinamento desse conteúdo e na habilidade para estudantes de medicina, já que se estima que apenas 68% das escolas de medicina americanas ensinam medicina ambiental e ocupacional, chamando a atenção para outros componentes historicamente também negligenciados da história social, tais como a violência doméstica ou abuso de drogas, que podem influenciar o diagnóstico e o manejo de pacientes.

Ratificando a importância da história ocupacional detalhada, no caso das pneumoconioses, *Bégin* e *Christman* (2001) afirmam que uma detalhada história ocupacional passada é o melhor indicador da exposição passada ao amianto, sendo considerada o padrão-ouro, e que representa a pedra angular no diagnóstico da doença pulmonar relacionada ao amianto. Na população exposta, embora a carga de poeira (fibra) pulmonar não possa ser medida diretamente, é mais acurada e indiretamente estimada pela história ocupacional detalhada que nos fornece a idéia da intensidade e duração da exposição. Além disso, uma pneumoconiose não pode ser completamente excluída devido à exposição à poeira ser considerada muito remota, ou muito breve, ou em um ambiente industrial "seguro".

A construção da história ocupacional, com o auxílio de um formulário-padrão para coleta de dados, feita por estudantes e profissionais da saúde, é sugerida por *McCurdy, Morrin* e *Memmott* (1998), depois de auditarem 2.922 relatórios de 137 estudantes de medicina, pois a realização da história é uma habilidade fundamental que tem recebido inadequada atenção em programas de treinamento médico, encorajando estudantes a coletar dados de saúde ocupacional de todos os pacientes, devendo ser indagados sobre a ocupação atual e as principais ocupações, tipicamente não tomando mais do que um minuto. Casos em que as respostas levantem informações relevantes sobre o trabalho, devem ser aprofundados para proporcionar a melhor atenção possível ao paciente.

Como instrumento da observação clínica, na elaboração da anamnese ocupacional o profissional da saúde deve estar alerta para o problema associado à mensuração válida da exposição, ou seja, o viés da aferição da exposição ocupacional, especialmente após a doença ou o desfecho ter ocorrido. Nesse sentido, ressalta a influência da doença na memória, chamada de viés de recordação ou de memória, quando a mensuração da exposição depende da lembrança do passado ou então quando decorre do fato de que a presença do desfecho influencia a maneira pela qual a exposição é aferida ou registrada. Para reduzir o erro sistemático representado pela recordação, autores têm preconizado realizar a história ocupacional com a utilização de questionários baseados em âncoras ou ícones-calendário para localizar o entrevistado no tempo, tais como casamento, aniversário, mortes, e outros eventos relevantes, sendo particularmente útil para indivíduos com complexa história de trabalho e limitada instrução, como relatam *Engel, Keifer* e *Zahm* (1998).

Na busca da elucidação de casos em que o paciente apresenta uma constelação de sintomas inexplicados, a elaboração de uma história ocupacional detalhada é essencial, conforme preconiza *Suls* (2003) e, idealmente, a avaliação deveria incluir um reconhecimento desse local de trabalho, com especial atenção aos controles administrativos e de engenharia. Considerando-se que a maioria dos médicos não está familiarizada com avaliações de ambientes de trabalho, uma inspeção ao posto de trabalho deveria ser realizada e preferentemente acompanhada por um higienista ocupacional ou pelos profissionais da área de saúde e segurança do trabalhador. Em nosso meio, membros da CIPA, grupo de trabalhadores do benzeno e os técnicos em segurança do trabalho são profissionais que também podem estar habituados com o acompanhamento de protocolos, laudos e avaliações ambientais, acompanhamento de perícias e da legislação aplicada.

É referido por *Lax et al.* (1998) que uma história ocupacional completa inclui os elementos:

1. Lista de empregos (história de vida no trabalho, com datas de emprego e tarefas, história militar)
2. Exposições

Tipo: Agentes químicos (por exemplo, formaldeído, solventes, pesticidas)

Metais (chumbo, arsênio, cádmio, mercúrio, entre outros)

Poeiras (asbesto, sílica, carvão e outras)

Agentes biológicos (HIV, hepatite B, tuberculose e outros)

Físicos (ruído, radiação, e outros)

Psicológicos (estresse)

Estimativa da dose

Duração da exposição

Concentração da exposição

Via de exposição

Presença e eficácia de medidas de controle da exposição

Dados quantitativos da exposição a partir de inspeções e monitoramento

Momento dos sintomas e sua relação com o trabalho

Sintomas ocorrem ou são exacerbados pelo trabalho e melhoram fora do trabalho

Sintomas coincidem com a introdução de nova exposição no trabalho ou outra alteração nas condições de trabalho

Presença de sintomas similares entre companheiros de trabalho com a mesma função ou exposição

Avaliação de exposições extralaborativas

Ambiente doméstico (água, ar, contaminação do solo), passatempos e atividades recreativas

Para esse autor, a ficha do paciente deveria incluir um formulário de história ocupacional auto-administrada, apresentado no quadro 18:

Quadro 18: formulário de história ocupacional auto-administrada, segundo *Lax* e outros

Nome do paciente:

Data	Empregador: produto ou serviço fornecido	Cargo e tarefas específicas	Principais exposições (poeiras, agentes químicos, ruído, movimento repetitivo, estresse)	Equipamentos de proteção

Para *Guidotti et al.* (1983) a história ocupacional pode ser apreciada em quatro níveis: nível básico, especialmente no contexto da atenção primária em saúde, onde a doença é aguda e não apresenta dilemas diagnósticos e é de manejo direto, onde o dado essencial é a ocupação atual ou a relação de trabalho ou emprego (indivíduo desempregado ou aposentado). Nesse nível, a história de sinais e sintomas ou queixas poderá estar implicada com uma associação direta com a ocupação e que poderia ser subestimada ou negligenciada pela omissão da história ocupacional, comprometendo o diagnóstico, como é o caso de um soldador que se apresenta com queixas de febre e adinamia, simulando um quadro de resfriado comum, quando, na verdade, poderia estar apresentando a febre dos fumos metálicos, devido à inalação de vapores metálicos, especialmente os que contêm zinco, como os trabalhos com aço galvanizado.

A ocorrência de disfonia em profissionais que utilizam com sobrecarga a voz, como professores, radialistas, operadores da bolsa de valores, vendedores ambulantes e os que inalam agentes químicos nos ambientes de trabalho poluídos, como os trabalhadores em fundições, entre tantos outros, também representam relação direta com o trabalho e suas repercussões com o afastamento ou retorno ao trabalho.

Num segundo nível, denominado nível diagnóstico, um problema médico mais complexo pode requerer a procura de associação ocupacional específica, como é o caso da avaliação do posto de trabalho e das condições organizacionais e ergonômicas em trabalhador com síndrome compressiva de membro superior.

O terceiro nível, de rastreamento, pode ser utilizado para avaliar periodicamente grupos de trabalhadores expostos a fatores de risco conhecidos, como os que desenvolvem atividades em indústrias galvânicas, com exposição a solventes, névoas ácidas e alcalinas e metais como cromo, níquel, zinco, entre outros, visando a vigilância ou a detecção precoce de queixas ou alterações de saúde.

A elaboração de uma anamnese ocupacional completa, abrangente, no quarto nível, é indicada especialmente em casos de investigação de problemas médicos complexos, incluindo exemplos como pneumonite intersticial, pneumoconioses, neuropatias periféricas, câncer de bexiga, leucemia, febre recorrente de origem desconhecida, neoplasias em geral, entre outros. Tais investigações podem descobrir novas doenças ocupacionais ou associações entre fatores de risco e desfechos incomuns que revelam tumores-sentinela ou eventos-sentinela em saúde. Esses autores ainda dividem a história ocupacional em três partes:

1) *O perfil ocupacional* que é um inventário da experiência ocupacional, a partir do qual a exposição a fatores de risco e o grau de risco podem ser reconstruídos, desde o emprego mais recente e, retrospectivamente, dos demais empregos, apresentado com adaptações no quadro 19;

2) *O inventário de exposição ocupacional* que é uma entrevista dirigida com o objetivo de identificar fatores de suscetibilidade, para alertar o médico quanto à história de doenças relacionadas ao trabalho e para confirmar e expandir a história de exposições perigosas; e

3) *A história ambiental* que objetiva alertar o médico quanto à possibilidade de exposição doméstica ou em passatempos:

Quadro 19: formulário de registro da história ocupacional e ambiental com o perfil ocupacional, adaptado de *Guidotti* e outros

Local de trabalho, nome e endereço do empregador	Períodos trabalhados	Trabalhou em tempo integral?	Tipo de indústria (descreva)	Descreva suas atividades no emprego	Riscos à saúde conhecidos (poeiras, solventes etc.)	Utilizava equipamentos de proteção?	Esteve alguma vez afastado do trabalho devido a problema de saúde ou lesão?

Essa abordagem permite o preenchimento sob a supervisão de pessoal não médico, podendo ser auto-administrada.

O inventário de exposição ocupacional proposto pelos autores inclui questões e o levantamento de informações acerca de problemas de saúde ou lesões e acidentes ocorridos com o trabalhador no emprego atual ou em ocupações anteriores, com seus colegas de trabalho, absenteísmo no trabalho e suas possíveis causas relacionadas ao trabalho, queixas de desconforto e de sintomas ou sinais (sibilância, tosse, falta de ar, erupções cutâneas, alergias, dor de cabeça, dor lombar ou mudança de função devido a problemas ou inadaptações relacionados ao trabalho) e culmina com um inventário de exposição química ocupacional, através da manipulação ou do contato direto com a pele ou mucosas ou pela inalação de inúmeros produtos químicos existentes nos ambientes de trabalho, tais como ácidos fortes, álcalis, álcoois, amônia, arsênio, amianto ou asbesto, asfalto, benzeno, berílio, cádmio, solventes clorados, cromo, poeiras, fibra de vidro, lã de rocha, isocianatos, cetonas, chumbo, mercúrio, manganês, cloreto de metileno, níquel, gasolina, querosene, óleos, diesel, n-hexano, agrotóxicos, fenol, fosgênio, monóxido de carbono, dióxido de carbono, gases nitrosos, gás sulfídrico, ácido cianídrico, fosfina, arsina, sílica e silicatos, estireno, talco, tolueno, xileno, etilbenzeno, cloreto de vinila, fumos metálicos da solda, fumos de polímeros, névoas de tintas e óleos, óxido de etileno, negro-de-fumo, nitrosaminas, poeiras, vanádio, zinco. A visita ao almoxarifado, a entrevista com o empregado do setor de compras da empresa e com o encarregado da produção, e o conhecimento do processo produtivo e dos padrões de consumo desses produtos pode auxiliar a elucidar a exposição ocupacional isolada ou múltipla.

Após a coleta, análise e interpretação dos dados, uma história ocupacional detalhada poderá:

a) desencadear imediata visita ao posto de trabalho, a fim de consolidar os dados levantados;

b) prover um instrumento básico para avaliar problemas de saúde de início agudo e recente;

c) levantar hipóteses sobre exposições ocupacionais pregressas que, uma vez decorrido o tempo de latência, podem tornar plausível o diagnóstico da enfermidade e de sua origem ocupacional;

d) subsidiar o processo de diagnóstico diferencial;

e) viabilizar a triagem durante a realização de um exame médico admissional, periódico, de mudança de função, de retorno ao trabalho ou demissional;

f) instruir uma demanda judicial;

g) avaliar a condição previdenciária e o retorno à mesma atividade;

h) recomendar mudança de função ou reabilitação profissional;

i) prover banco de dados de vigilância e pesquisa epidemiológica;

j) auxiliar a avaliação da capacidade laborativa do trabalhador e determinar a alta;

k) divulgar informações acerca dos riscos ocupacionais e das estratégias de controle à população trabalhadora.

Na abordagem do trabalhador idoso ou aposentado, destacam *Landrigan* e *Baker* (1991) que virtualmente todos os pacientes idosos ainda trabalham ou trabalharam e muitos tiveram exposições ocupacionais a substâncias tóxicas. Muito freqüentemente, suas queixas são erroneamente atribuídas ao hábito tabágico, ao consumo de álcool, à dieta, às causas desconhecidas ou simplesmente à idade e para retificar essa situação, os médicos devem estar conscientes das associações entre trabalho e doença, pois somente através da construção da história ocupacional de rotina o diagnóstico da doença relacionada ao trabalho pode ser feito e somente através desse processo futuros casos de doença podem ser prevenidos.

A história ocupacional, como importante área negligenciada da história clínica, é destacada por *Felton* (1980) e, como parte da história pessoal e social, vários autores referenciam o emprego, o desemprego, a exposição química, o estresse, a incapacidade e a saúde mental para serem exploradas na organização dos registros médicos. *Felton* sugere um conjunto de perguntas como integrantes de uma história ocupacional completa, incluindo questões relativas:

a) *à empresa*: existe um programa de saúde ocupacional? A empresa oferece exames físicos? Qual a política de higiene industrial? Existe um programa de segurança? Os trabalhadores são informados dos resultados de seus exames ou das avaliações ambientais nos locais de trabalho?

b) *ao seu trabalho*: o que você exatamente fazia quando se tornou enfermo? Trabalhava em seu turno regular? Com que materiais você trabalha? Se líquido, ele exala vapor ou fumos que podem ser respirados? Já teve contato com sua pele? Contamina suas roupas? Caso utilizados, os equipamentos de proteção são mantidos pela empresa? Você troca seu respirador quando ele fica sujo ou quando você percebe o cheiro do produto através da máscara? Sua empresa faz reuniões para informar acerca dos materiais que você trabalha? Algum produto químico é utilizado por colegas de trabalho, próximo a você? Você adoece durante a semana de trabalho e melhora no fim de semana? Adoece quando retorna ao trabalho? Após o fim de semana? Após as férias? Alguma nova substância foi introduzida para você lidar? A marca de algum material mudou? Houve algum derramamento ou vazamento de produto no seu local de trabalho? O equipamento alguma vez quebrou? Alguma coisa interrompeu o processo normal de trabalho? Você já mudou de função devido a problemas de saúde? Já ocorreu alguma inspeção no seu local de trabalho feita pelo Ministério do Trabalho (OSHA)? Caso positivo, o que foi encontrado e que ação foi tomada? Existe sistema de ventilação exaustora em seu local de trabalho? Alguém já realizou amostragens do ar em seu local de trabalho?

c) *aos companheiros de trabalho*: algum companheiro de trabalho adoeceu da mesma maneira que você? Quando? Algum companheiro de trabalho queixou-se de incapacidade de ter filhos ou de ter filhos nascidos com defeitos?

d) *aos seus passatempos e hábitos*: em casa você lida com cola, pesticidas? Com seu carro? Acabamento de móveis? Produtos químicos fotográficos? Você fuma? O quê, onde e quanto? Quando iniciou a fumar? Com que idade deixou de fumar? Você bebe? O quê e quanto? Usa armas de fogo? Toca música, *rock*? Quanto tempo por dia? Dirige máquinas agrícolas pesadas? Onde são lavadas suas roupas de trabalho? Toma algum medicamento?

e) *aos seus sentimentos sobre seu trabalho*: você gosta do seu trabalho? Fica frustrado no trabalho? Sente-se bem em seu trabalho? Teve dificuldade em manter seu cargo? Gosta ou não de trabalho em turnos? O seu trabalho exige mais do que você pode fazer? Como se relaciona com o seu chefe? Há muito estresse em seu trabalho? Pensa em aposentadoria?

Tais questões, sugeridas pelo autor e adaptadas ao nosso tema, tem sido negligenciadas no cotidiano do atendimento dos trabalhadores.

Feinstein, citado por *Felton*, queixa-se de que a história ocupacional é demonstrada a estudantes menos freqüentemente do que qualquer outro aspecto tecnológico do currículo médico, evidenciando a enorme lacuna que necessita ser preenchida, em respeito à dignidade e aos direitos dos trabalhadores.

A elaboração da história ocupacional é uma arte que requer habilidade, experiência e prática, afirma *Becker* (1982). Na abordagem da doença atual, para cada problema registrado, esse autor sugere mais quatro questões básicas:

1) Os sintomas estão associados com o trabalho? Melhoram durante as férias ou em fins de semana?

2) Outros trabalhadores estão similarmente afetados?

3) Existe exposição atual a qualquer tipo de poeira, fumos ou produtos químicos?

4) Existe antecedente de registro médico de lesão ocupacional?

Relativamente a essa quarta questão, a escassez de diagnósticos de doenças relacionadas ao trabalho muito raramente revelaria registros anteriores em prontuários médicos de instituições públicas ou privadas. Embora o clínico alerta seja a chave para o reconhecimento da doença ocupacional, no contexto da atenção primária de saúde ou da medicina de família, a história ocupacional é freqüentemente negligenciada e geralmente não faz parte da rotina do atendimento. Por outro lado, a epidemiologia como ferramenta de pesquisa e análise necessita ser mais fomentada e estimulada no contexto da medicina do trabalho e da saúde do trabalhador. Coordenadores de programas de controle médico de saúde ocupacional poderiam ser incentivados a avançar na pesquisa sobre condições de morbidade e mortalidade da população trabalhadora "sob seu controle médico ocupacional", utilizando o instrumental epidemiológico, administrativamente, no planejamento e na organização de serviços de saúde do trabalhador ou em programas de gestão de riscos no trabalho, além da utilização etiológica para a investigação de novos casos de doenças ocupacionais ou novos fatores de risco ambientais e ocupacionais.

Ao estudarem o uso de um questionário de avaliação de risco à saúde ocupacional para melhorar a elaboração da história ocupacional e ambiental feita por médicos de atenção primária à saúde, *Thompson et al.* (2000) levantaram a necessidade de se melhorar os questionários auto-administrados oferecidos aos pacientes, bem como de relacionar aspectos da história dos pacientes com exposições a fatores de risco ocupacionais e ambientais. Esses procedimentos poderiam otimizar os registros nos prontuários médicos, freqüentemente inadequados, e melhorar o diagnóstico, a priorização e a formulação do plano terapêutico relacionado com questões ligadas à saúde ambiental e ocupacional.

Essa inadequação também é reconhecida por *Balk* (1996), pois à medida que avança o conhecimento acerca de substâncias tóxicas e seus efeitos sobre a saúde, cada vez mais os pacientes indagam seus médicos a respeito de tratamento e orientação. Não apenas os médicos de atenção primária em saúde, como também os pediatras podem utilizar questões relativas à história ambiental e ocupacional para fornecer adequada supervisão aos pacientes pediátricos, levando em consideração o estágio evolutivo dos pacientes e inserindo tópicos específicos nos momentos adequados dessa evolução, conforme apresentados com modificações e adaptações no quadro 20. A ampliação da história ocupacional com a história ambiental é mais um desafio a ser vencido e pode iniciar, por exemplo, pelos pediatras, embora, como afirmam *Kilpatrick et al.* (2002), essa visão dependa das atitudes, crenças e práticas do profissional da saúde e do seu treinamento e capacitação em elaborar a história:

Quadro 20: introdução de questões ambientais e ocupacionais, adaptadas e modificadas de *Balk*

Tópicos relevantes	Momento adequado para questionar
Tabagismo (pais ou familiares) Renovações e reformas na moradia (possível exposição à poeira de chumbo, radônio, amianto, solventes, hidrocarbonetos, formaldeído)	Período pré-natal e subseqüentes
Inalação de fumaça de cigarro ambiental	Aos dois meses
Exposição a venenos, incluindo inseticidas e pesticidas domésticos, produtos sanitários e de limpeza, e chumbo (tintas, pinturas, brinquedos)	Aos seis meses
Exposição a atividades artesanais e artes (colas, tintas, solventes, resinas e seus componentes) Exposições domésticas a desinfetantes, limpadores de carpetes, ceras, limpadores de móveis, removedores de	Período pré-escolar e escolar

Tópicos relevantes	Momento adequado para questionar
manchas, alvejantes, produtos domissanitários, carvão de lenha, freon em vazamentos de geladeiras, microondas, inseticidas Contato com animais domésticos	
Exposições em passatempos, *hobbies* Exposições ocupacionais (atividades em oficinas mecânicas, funilarias, fabricação de móveis, indústria calçadista, extração de pedras, indústria fumageira, trabalho informal, trabalho rural e outros)	Adolescência
Exposição a produtos para grama e jardins, aplicação de produtos em atividades agendadas (pinturas)	Primavera e verão
Fogão à lenha, lareiras, fogão a gás (gases e vapores, óxidos de nitrogênio, hidrocarbonetos aromáticos policíclicos, poeiras)	Outono e inverno

Hernberg (1992) destaca a importância da qualidade dos dados a serem levantados acerca da exposição ocupacional, pois uma informação incorreta sobre a exposição produz um mascaramento ou ao menos uma subestimação do efeito de interesse que está sendo estudado, especialmente quando se investiga o câncer de origem ocupacional. Para esse autor, a história ocupacional pode traduzir-se em uma história de exposição com a ajuda de matrizes de exposição laboral, enfatizando que é melhor construir matrizes *ad hoc* para cada fábrica e cada período de tempo, enfatizando a coleta de dados sobre o tipo de exposição, duração da exposição, o tempo calendário da exposição e a relação com a idade de cada indivíduo, com o início da enfermidade e com a intensidade da exposição. Quanto às medidas de exposição química ocupacional, destaca ainda a seguinte hierarquia dos dados de exposição individual que podem ser levantados:

1º) Amostras biológicas (monitoramento biológico da exposição, em amostras de sangue, urina, ar alveolar)

2º) Amostras de ar obtidas da zona respiratória do trabalhador (monitoramento ambiental, dosimetria individual)

3º) Amostras de área, mediante o uso de amostradores fixos (monitoramento ambiental de área)

4º) Categorização da exposição individual, efetuada por um higienista, considerando-se o posto ou local de trabalho, o tipo de trabalho e a função do indivíduo (o que pode ser obtido mediante a consulta a um competente Programa de Prevenção de Riscos Ambientais — PPRA)

5º) Dicotomização entre indivíduos expostos e não expostos.

O campo da saúde do trabalhador necessita da ferramenta de trabalho — a história ocupacional — para desvendar, entre outros, os importantes desafios que o câncer, as doenças cardiovasculares, as doenças respiratórias crônicas, os distúrbios osteomusculoesqueléticos e as patologias psicossociais nos instigam: descobrir sua fração etiológica imputável ao trabalho.

Aos profissionais da saúde que atendem e assistem aos trabalhadores é útil sublinhar o que *Freire* (1996) afirma: *não há docência sem discência*, ou seja, as duas se explicam e seus sujeitos, apesar das diferenças que os conotam, não se reduzem à condição de objeto, um do outro.

Quando o profissional da saúde está, portanto, construindo a história ocupacional de seu paciente, ele simultaneamente está educando e sendo educado, está formando e sendo formado, pois a coleta da história exige respeito aos saberes dos trabalhadores e apreensão da realidade de cada situação de trabalho, exige curiosidade, paciência e pesquisa, exige também saber escutar e exige, por derradeiro, a convicção ética de que os diagnósticos, as indicações, os encaminhamentos, as orientações e os tratamentos adequados somente serão possíveis para quem estiver disposto a transformar a realidade e intervir.

Essa construção é um trabalho investigativo de alta relevância social e, algumas vezes, conta com o auxílio de empregadores compromissados com a chamada atuação responsável no campo da saúde e segurança do trabalho, pois fornecem informações preciosas através das folhas de dados de segurança de produtos (Material Safety Data Sheet) e, mais recentemente, vêm sendo fornecidas as Fichas de Informação de Segurança de Produtos Químicos — FISPQ propostas pela Associação Brasileira de Normas Técnicas. A partir de 2004, por exigência da Previdência Social, os trabalhadores receberão das empresas em que trabalham, apenas por ocasião de seu desligamento, cópia fiel de um documento padronizado denominado Perfil Profissiográfico Previdenciário, destinado a registrar o perfil das exposições ocupacionais e o histórico-laboral de cada trabalhador.

Como afirmam *Lax et al.* (1998), um conjunto padronizado de questões formuladas a cada paciente constitui, isoladamente, o método mais importante para reconhecer o nexo entre a doença e a ocupação e destacam que uma enfermidade que não responde ao tratamento convencional, não se enquadra no típico perfil demográfico ou é de causa desconhecida deveria levantar a suspeita de uma etiologia ocupacional.

Em consultas e atendimentos "apressados", um conjunto de questões de rastreamento e um questionário auto-administrado são extremamente úteis para o início da construção de uma história ocupacional eficiente. Uma vez iniciado esse processo de construção sociotécnico e ético, a necessidade de aprofundar as questões voltadas para a saúde do trabalhador desencadeará abordagens complementares e específicas como a visita ao local de trabalho, a verificação *in loco* de cada situação de trabalho: a organização (com seus objetivos, exigências e metas, num dado ambiente físico, social e cultural), os trabalhadores (com suas capacidades, habilidades, percepções, crenças, aspirações e limitações), o processo de trabalho (o objeto de trabalho, os meios de trabalho, as atividades e os modos operatórios dos trabalhadores, o conteúdo do trabalho), além de estudos e pesquisas no campo da legislação aplicada, ergonomia, toxicologia, epidemiologia, higiene ocupacional, psicologia e sociologia.

VALIDAÇÃO DA HISTÓRIA OCUPACIONAL E DE QUESTIONÁRIOS AUTO-ADMINISTRADOS

Para se estudar a diversidade e a complexidade das exposições ocupacionais, *Rosenstock et al.* (1984) afirmam que os registros com base unicamente nos títulos dos cargos ou funções desempenhadas pelos trabalhadores são insuficientes. Essa limitação complica-se pelo fato de inexistirem questionários padronizados e que tenham sido suficientemente testados quanto à confiabilidade e à validade de seus registros.

Idealmente, um questionário auto-administrado deveria ser de fácil preenchimento e compreensão, capaz de reconhecer entre os trabalhadores os diferentes graus de exposições e capaz de obter informações úteis e relevantes sobre a história e a exposição ocupacional. Após revisarem na literatura mais de cinqüenta questionários de história ocupacional, esses autores aplicaram um questionário a uma população de estudo de 155 pacientes, concluindo que o questionário tinha validade discriminatória, pois corretamente identificou grupos de trabalhadores com altos e baixos níveis de exposição ocupacional, e que tinha validade convergente, pois houve correlação com uma avaliação independente das exposições ocupacionais, executada por higienista industrial.

Gérin et al. (1985) também referem a complexidade do registro da história de exposição ocupacional, ao desenvolverem metodologia para estudos de casos e controles delineada para gerar hipóteses acerca de possíveis associações entre sítios de câncer e exposições ocupacionais, codificando cerca de 300 tipos de exposição. Mediante entrevistas e análises feitas por higienistas e químicos estudaram a confiabilidade da avaliação da exposição, incluindo modo de contato, nível de exposição e freqüência da exposição.

Autores como *Eskenazi* e *Pearson* (1988) investigaram a validade de um questionário auto-administrado para a obtenção de informações ocupacionais em gestantes atendidas em clínica obstétrica. Compararam a acurácia das respostas de gestantes que responderam o questionário auto-administrado com as respostas obtidas em uma entrevista clínica detalhada, feita por profissional de saúde ocupacional, bem como verificaram se a *performance* do questionário poderia ser melhorada quando revisada por um higienista industrial. Entre as conclusões, destacam esses autores que a aquisição rotineira de informações sobre a ocupação e exposição melhorariam os métodos de vigilância de riscos reprodutivos.

Ahlborg (1990) estudou a validade de dados de exposição ocupacional obtidos pela aplicação de questionários auto-administrados em estudo de casos e controles e em estudo prospectivo com gestantes, chamando a atenção para as probabilidades do viés de classificação expressas pela sensibilidade e especificidade das questões do questionário, destacando ainda o sub-registro da exposição ocupacional e a necessidade de avaliação da direção e da magnitude desse possível viés em cada situação específica.

Capturar, ponderar e valorizar um depoimento subjetivo sobre o ambiente e as condições de trabalho e sobre as exposições ocupacionais a fatores de riscos, expresso por palavras, gestos, sentimentos e apreensões, mais do que por números, por indivíduos que são entrevistadores e entrevistados e, finalmente, reconhecer um conjunto de respostas humanas e sua relação com a ocupação e o trabalho, eis aí um grande e permanente desafio aos profissionais da saúde: construir uma história ocupacional.

Afinal, recuperar a história ocupacional, de certa maneira, é recordar as origens e as transformações do mundo do trabalho, a evolução cronológica da empresa e do conteúdo do trabalho, suas relações com as atividades de trabalho e com os possíveis danos à saúde dos trabalhadores.

Justifica-se uma história ocupacional detalhada em pacientes hospitalizados? Para responder essa questão, Gennart et al. (1991) estudaram a importância do registro da história ocupacional em pacientes internados em enfermaria de medicina interna e justificaram a obtenção sistemática da história ocupacional atual e passada de cada paciente internado, ressaltando ainda a necessidade de treinamento dos profissionais da saúde para um correto, cuidadoso e acurado registro que é decisivo, não apenas para o diagnóstico da doença ocupacional, como também para a identificação de novos riscos ocupacionais à saúde.

As diretrizes éticas para a pesquisa médica em trabalhadores são destacadas por Rothstein (2000), a fim de salvaguardar direitos dos trabalhadores e manter a integridade científica da pesquisa. Itens como a participação voluntária, o consentimento informado e a confidencialidade da informação devem ser protegidos e os benefícios da pesquisa aos participantes devem ser maximizados e os riscos minimizados. No campo da ética médica, o alvo da atenção do médico é a saúde do ser humano, cabendo ao médico buscar a melhor adequação do trabalho ao ser humano e a eliminação ou controle dos riscos inerentes ao trabalho, conforme preceitua o Código de Ética Médica (1988).

Estatui o Código que é vedado ao médico deixar de esclarecer o trabalhador sobre as condições de trabalho que ponham em risco sua saúde, devendo comunicar o fato aos responsáveis, às autoridades e ao Conselho Regional de Medicina, bem como é vedado deixar de esclarecer o paciente sobre as determinantes sociais, ambientais ou profissionais de sua doença. Acrescente-se ainda que o Código estabelece como princípio fundamental que o médico deve empenhar-se para melhorar as condições de saúde e os padrões dos serviços médicos e assumir sua parcela de responsabilidade em relação à saúde pública, à educação sanitária e à legislação referente à saúde.

Para alcançar esses objetivos, é necessário dar o primeiro passo. Portanto, para construir uma história ocupacional — um processo sociotécnico e ético — é necessário ousar começar, pois como afirma o poeta alemão Göethe “se você pensa que pode ou sonha que pode, comece. Ousadia tem genialidade, poder, magia. Ouse fazer e o poder lhe será dado”.

ANEXOS

A — ESTATÍSTICAS DE ACIDENTES E DOENÇAS DO TRABALHO NO BRASIL

Ano	Trabalhadores	Acidentes Típicos	Acidentes de Trajeto	Doenças do Trabalho	Total de Acidentes	Óbitos
1980	18.686.355	1.404.531	55.967	5.217	1.464.211	4.824
1985	21.151.994	1.010.340	63.515	4.006	1.077.861	5.095
1990	23.198.656	632.012	56.343	5.217	693.572	5.355
1995	23.755.736	374.700	28.791	20.646	424.137	3.967
2000	26.228.629	304.963	39.300	19.605	363.868	3.094

Fonte: Anuário Brasileiro de Proteção, 2003. Revista PROTEÇÃO. MPF Publicações Ltda.

B — ESTATÍSTICAS DE ACIDENTES E DOENÇAS DO TRABALHO NO BRASIL EM 2002

Motivo	Quantidade	Percentual
Acidente Típico	320.398	82,60
Acidente de Trajeto	46.621	12,02
Doença do Trabalho	20.886	5,38
Total	387.905	100, 00

Fonte: Base de Dados Históricos do Anuário Estatístico da Previdência Social, resumo de Acidentes do Trabalho de 2002.

REFERÊNCIAS BIBLIOGRÁFICAS

ACGIH — American Conference of Governmental Industrial Hygienists. *2003 TLVs® e BEIs®*. Versão em português traduzida pela Associação Brasileira de Higienistas Ocupacionais — ABHO. São Paulo: 2003.

AHLBORG, GA. Validity of exposure data obtained by questionnaire. *Scand J Work Environ Health*, vol. 16, pp. 284-288, 1990.

ALMEIDA, IM. Dificuldades no Diagnóstico de Doenças Ocupacionais e do Trabalho. Jornal Brasileiro de Medicina, vol. 74, n. 1/2, pp. 35-48, 1998.

American Family Physician, vol. 58, n. 4, pp. 935-944, 1998.

AZAMBUJA, MIR; MENDES, R. *Detecção de Agravos à Saúde, Relacionados com o Trabalho, na Consulta Médica.* In: Patologia do Trabalho. 2ª ed., São Paulo: Atheneu, 2003.

BAKER, DB; LANDRIGAN, PJ. Occupationally Related Disorders. *Medical Clinics of North America.* vol. 74, n. 2, March 1990.

BALK, SJ. The Environmental history: Asking the right questions. *Contemporary Pediatrics*, vol. 13, pp. 19-36, 1996.

BEAGLEHOLE, R.; BONITA, R.; KJELLSTROM, T. *Epidemiologia Básica.* São Paulo: Santos Livraria Editora, 1996.

BEAGLEHOLE, R; McMICHAEL, AJ. The changing global context of public health. *The Lancet*, vol. 356, pp. 495-499, 2000.

BECKER, CE. Key Elements of the Occupational History for the General Physician. The Western Journal of Medicine. vol.137, n. 6, pp. 581-582, 1982.

BÉGIN, R.; CHRISTMAN, JW. Detailed Occupational History: The Cornerstone in Diagnosis of Asbestos-related Lung Disease. *American Journal of Respiratory and Critical Care Medicine*, vol.163, pp. 598-599, 2001.

BIRD, B. *Conversando com o paciente.* São Paulo: Editora Manole Ltda., 1978.

BLEGER, J. *Temas de psicologia: entrevista e grupos.* São Paulo: Martins Fontes, 1993.

BOWLER, RM; CONE, JE. *Segredos em Medicina do Trabalho.* Porto Alegre: Artes Médicas, 2001.

BRASIL. *Constituição Federal.* Brasília, 1988.

BRASIL. Lei n. 8.080, de 19 de setembro de 1990. Dispõe sobre as condições para a promoção, proteção e recuperação da saúde, a organização e funcionamento dos serviços correspondentes, e dá outras providências. Diário Oficial da República Federativa do Brasil. Poder Legislativo. Brasília, DF, 20 set. 1990, Seção 1, p. 18055.

BRASIL. Lei n. 8.213, de 24 de julho de 1991. Dispõe sobre os Planos de Benefícios da Previdência Social, e dá outras providências. Diário Oficial da República Federativa do Brasil, Brasília, 1991.

BRASIL. Ministério da Previdência e Assistência Social. Decreto n. 3.048, de 6 de maio de 1999 que aprova o Regulamento da Previdência Social, e dá outras providências. Diário Oficial da União, Brasília, n. 89, de 12 de maio de 1999, Seção I.

BRASIL. Ministério da Saúde. *Doenças Relacionadas ao Trabalho: Manual de Procedimentos para os Serviços de Saúde*. Brasília: Ministério da Saúde do Brasil, 2001.

BRASIL. Ministério da Saúde. *Lista de Doenças Relacionadas ao Trabalho*: Portaria GM n. 1.339, de 18 de novembro de 1999. Brasília: Ministério da Saúde, 2000.

BRASIL. Ministério do Trabalho e Emprego. Portaria n. 3.214, de 8 de junho de 1978 que aprova as Normas Regulamentadoras — NR — do Capítulo V do Título II, da Consolidação das Leis do Trabalho, relativas à Segurança e Medicina do Trabalho.

CATTANI, AD (org.) *Trabalho e Tecnologia: Dicionário Crítico*. Petrópolis: Vozes: Porto Alegre: Editora da UFRGS, 1997.

__________. *Processo de trabalho e novas tecnologias*. Porto Alegre: Editora da Universidade/UFRGS, 1995.

CHANLAT, JF. *Modos de Gestão, Saúde e Segurança no Trabalho*. In: "Recursos Humanos e Subjetividade". Petrópolis: Vozes, 1996.

CIMRIN, AH *et al*. Attitudes of medical faculty physicians about taking occupational history. *Medical Education*, vol. 33, pp. 466-467, 1999.

CONSELHO FEDERAL DE MEDICINA (Brasil). *Código de Ética Médica*. Resolução CFM n. 1.246/88. Rio de Janeiro: Idéia & Produções, 1988.

CRAIG, RJ. *Entrevista clínica e diagnóstica*. Porto Alegre: Artes Médicas, 1991.

DRUMMOND, JP; SILVA, E. *Medicina Baseada em Evidências: Novo Paradigma Assistencial e Pedagógico*. São Paulo: Atheneu, 1998.

ENGEL, LS; KEIFER, MC; ZAHM, SH. Comparison of a Traditional Questionnaire With an Icon/Calendar-Based Questionnaire To Assess Occupational History. *American Journal Of Epidemiology*. Supplement, 1998.

ESKENAZI, B.; PEARSON, K. Validation of a Self-Administered Questionnaire for Assessing Occupational and Environmental Exposures of Pregnant Women. *American Journal of Epidemiology*, vol. 128, n. 5, pp. 1117-1129, 1988.

FELTON, JS. The Occupational History: a Negleted Area in the Clinical History. *The Journal of Family Practice*, vol.11, n. 1: 33-39, 1980.

FERREIRA JUNIOR, M. *Saúde no trabalho: temas básicos para o profissional que cuida da saúde dos trabalhadores*. São Paulo: Roca, 2000.

FERREIRA, ABH. *Novo Dicionário Aurélio da Língua Portuguesa*. Rio de Janeiro: Editora Nova Fronteira, 1975.

FLETCHER, RH; FLECHTER, SW; WAGNER, EH. *Epidemiologia Clínica: Elementos Essenciais*. 3ª ed., Porto Alegre: Artes Médicas, 1996.

FRANK, AL. Approach to the patient with an occupational or environmental illness. *Prim Care*, vol. 27, n. 4, pp. 877-894, 2000.

FREIRE, P. *Pedagogia da Autonomia: Saberes necessários à prática educativa*. 6ª ed., São Paulo: Paz e Terra, 1996.

FUHRER, MCA; FUHRER, MRE. *Resumo de Direito do Trabalho*. 10ª ed., São Paulo: Malheiros Editores Ltda., 2002.

GENNART, JP *et al*. Importance of accurate employment histories of patients admitted to units of internal medicine. *Scand J Work Environ Health*, vol. 17, pp. 386-391, 1991.

GÉRIN, M. *et al*. Obtaining Occupational Exposure Histories in Epidemiologic Case-Control Studies. *Journal of Occupational Medicine*, vol. 27, n. 6, pp. 420-426, 1985.

GOELZER, B.; Haar, R. *La higiene ocupacional en América Latina: una guia para su desarrollo*. Washington, D. C.: OPS, 2001.

GOELZER, BIF. Hazard Prevention and Control in the Work Environment: Airborne Dust. World Health Organization, Geneva, Switzerland, 1999.

GOLDMAN, RH; PETERS, JM. *JAMA*, vol. 246, n. 24, pp. 2831-2836, 1981.

GOLDSTEIN, BD; GOCHFELD, M. Role of the Physician in Environmental Medicine. *Medical Clinics of North America*, vol. 74, n. 2, pp. 245-261, 1990.

GRUBA-McCALLISTER, F. *Orientação Fenomenológica na Entrevista*. In: Entrevista clínica e diagnóstica. Porto Alegre: Artes Médicas, pp. 44-58, 1991.

GUÉRIN, F. *et al*. *Compreender o Trabalho para Transformá-lo: A Prática da Ergonomia*. São Paulo: Editora Edgard Blucher Ltda., 2001.

GUIDOTTI, I *et al*. Taking the Occupacional History. *Annals of Internal Medicine*, vol. 99, pp. 641-651, 1983.

GUYATT, GH *et al*. Measuring Health-related Quality of Life. *Annals of Internal Medicine*, vol. 118, n. 8, pp. 622-629, 1993.

HAMILTON, A. *Exploring the Dangerous Trades*. Boston: Little Brown, 1943.

HARBER, P.; MERZ, B. Time and Knowledge Barriers to Recognizing Occupational Disease. *JOEM*, vol. 43, n. 3, pp. 285-288, 2001.

HARVEY, AM *et al*. *Medicina Interna*. Princípios e Prática. 18ª ed., Rio de Janeiro: Guanabara Koogan, 1975.

HERNBERG, S. *Introducción a la Epidemiologia Ocupacional*. Madrid: Diaz de Santos S. A., 1995.

HOGSTEDT, C. From sentinel observations to practical actions. In: New Epidemics in Occupational Health. *Finnish Institute of Occupational Health*, Helsinki, pp. 17-26, 1994.

HOUAISS, A.; VILLAR, MS. *Dicionário Houaiss da Língua Portuguesa*. Rio de Janeiro: Objetiva, 2001.

KARAM, H. Da psicopatologia à psicodinâmica do trabalho: breve história de um percurso e questões teórico-metodológicas. *Revista de Psiquiatria do Rio Grande do Sul*, vol. 25, n. 1, 2003.

KILPATRICK, N. *et al.* The Environmental History in Pediatric Practice: a Study of Pediatricians'Attitudes, Beliefs, and Practices. *Environmental Health Perspectives*, vol. 110, n. 8, 2002.

KUSCHER, WG; STARK, P. Occupational Lung Disease. Part 2. Discovering the cause of diffuse parenchymal lung disease. *Postgraduate Medicine*, vol. 113, n. 4, pp. 81-88, 2003.

LA ROVERE, EL. (coord.). *Manual de Auditoria Ambiental*. Rio de Janeiro: Qualitymark, 2000.

LANDRIGAN, PJ; BAKER, DB. Using occupational history to pinpoint the diagnosis. Geriatrics, vol. 46, n. 6, pp. 61-67, 1991.

LANDSBERGIS, PA. The Changing Organization of Work and the Safety and Health of Working People: a Commentary. *Journal Of Occupational and Environmental Medicine*, vol. 45, n. 1, pp. 61-70, 2003.

LAUWERYS, RR; HOET, P. *Industrial Chemical Exposure*. 2ª ed., Boca Raton, FL: Lewins Publishers, 1993.

LAX, MB *et al.* Recognizing Occupational Disease — Taking an Effective Occupational History.

LEIGH, JP *et al.* Occupational Injury and Illness in the United States: Estimates of Costs, Morbidity and Mortality. *Arch. Intern Med*, vol. 157, pp. 1557-1568, 1997.

LERNER, PJ. Occupational Medicine Forum: Is there a standardized questionnaire for obtaining an occupational history? *JOEM*, vol. 39, n. 5, 1997.

LEVY, BS; Wegman, DH. *Occupational Health: Recognizing and Preventing Work-Related Disease*. 3ª ed., Boston: Littlee, Brown and Company, 1995.

LIMA, RC. *et al.* Percepção de exposição a cargas de trabalho e riscos de acidentes em Pelotas, RS, Brasil. *Rev. Saúde Pública*, 33 (2): 137-46, 1999.

McCURDY, SA; MORRIN, LA; MEMMOTT, MM. Occupational History Collection by Third-Year Medical Students During Internal Medicine and Surgery Inpatient Clerkships. *JOEM*, vol. 40, n. 8, pp. 680-684, 1998.

McDIARMID, MA. Occupational Exposure in Lung Cancer Patients: Contribution of Remote Past Work. *American Journal Of Preventive Medicine*, vol. 7, n. 6, pp. 348-351, 1991.

MENDES, JMR. *O verso e o anverso de uma história: o acidente e a morte no trabalho*. Porto Alegre: EDIPUCRS, 2003.

MENDES, R. (org.) *Patologia do Trabalho*. 2ª ed., São Paulo: Editora Atheneu, 2003.

_________. *Patologia do Trabalho*. Rio de Janeiro: Editora Atheneu, 1995.

_________. *Medicina do Trabalho e Doenças Profissionais*. São Paulo: Sarvier, 1980.

MERLETTI, F.; OLSEN, J.; VUYLSTEEK, K. *Estudio de las Causas de las Enfermedades laborales: Introducción a la Epidemiologia Laboral*. Barcelona: SG Editores, 1990.

MONSON, RR. *Occupational Epidemiology*. 2ª ed., Boca Raton, Florida: CRC Press, 1990.

MORATA, TC; LEMASTERS, GK. *Considerações Epidemiológicas para o Estudo de Perdas Auditivas Ocupacionais*. In: Perda Auditiva Induzida pelo Ruído, vol. II. Rio de Janeiro: Revinter, 2001.

MULLAN, RJ; MURTHY, LI. *Occupational sentinel health events: an updated list for physician recognition and public health surveillance*. Am. J. Indus. Med, vol.19, pp. 775-779, 1991.

ODDONE, I. *et al. Ambiente de Trabalho: a luta dos trabalhadores pela saúde*. São Paulo: Editora Hucitec, 1986.

OLIVEIRA, SG. *Proteção Jurídica à Saúde do Trabalhador*. 2ª ed., São Paulo: LTr, 1998.

OSMAN, J.; BENN, T. *Monitoring occupational disease, past, present and future*. In: The Changing Nature of Occupational Health. Great Britain: HSE Books, pp. 89-117, 1998.

PEREIRA, MRG. História Ocupacional. Escola Revista, Porto Alegre, RS, vol. 1, n. 1, 1989.

PESSOA, F. *Livro do Desassossego. São Paulo*: Companhia das Letras, 1999.

PLATT, FW; McMATH, JC. Clinical Hypocompetence: The Interview. *Annals of Internal Medicine*, vol. 91, pp. 898-902, 1979.

PRATES, CCSO. *A Prova Pericial no Processo de Acidente do Trabalho*. Rio de Janeiro: Forense, 2000.

RANTANEN, J. New epidemics — questions to be addressed. In: New Epidemics in Occupational Health. Finish Institute of Occupational Health, Helsinki, pp. 5-16, 1994.

RIBEIRO, HP. Lesões por Esforços Repetitivos (LER): uma doença emblemática. *Cadernos de Saúde Pública*, Rio de Janeiro, 13 (supl. 2), 85-93, 1997.

ROSENSTOCK, L. *et al.* Development and Validation of a Self-Administered Occupational Health History Questionnaire. *Journal of Occupational Medicine*, vol. 26, n. 1, pp. 50-54, 1984.

ROSENSTOCK, I; CULLEN, MR. *Textbook of Clinical Occupacional and Environmental Medicine.* W. B. Saunders Company: USA, 1994.

ROTHSTEIN, MA. Ethical Guidelines for Medical Research on Workers. *Journal of Occupational and Environmental Medicine*, vol. 42, n. 12, pp. 1166-1171, 2000.

RUTSTEIN, D. *et al.* Sentinel health events (Occupational): A basic for physician recognition and public health surveillance. *Am. J. Publ. Health*, vol. 9, pp. 1054-1062, 1983.

SAYERS, RR. The occupational history and how to make it. *Amer. Review Tuberc.*, vol. 29 fascículo (1), 1934.

SELIGMANN-SILVA, E. Desgaste Mental no Trabalho Dominado. Rio de Janeiro: Editora UFRJ; Cortez Editora, 1994.

STOREY, E. *et al.* Reinforcement of Occupational History Taking: a Success Story. *Teaching and Learning in Medicine*, vol. 13, n. 3, 2001.

SULS, ME. The Importance of Taking an Occupational History. *American Family Physician*, vol. 67, n. 8, pp. 1684, 2003.

THOMPSON, JN. *et al.* Use of a Questionnaire to Improve Occupational and Environmental History Taking in Primary Care Physicians. *Journal of Occupational and Environmental Medicine*, vol. 42, n. 12, pp. 1188-1194, 2000.

VAET, I. *Sábias Palavras: citações pensamentos.* 2ª ed., São Paulo: Centro de Estudos Vida e Consciência Editora Ltda., 1998.

WALDRON, HA. *Conceitos Básicos em Medicina Ocupacional.* 2ª ed., São Paulo: Organização Andrei Editora Ltda., 1983.

WISNER, A. *Por Dentro do Trabalho: Ergonomia: Método & Técnica.* São Paulo: FTD: Oboré, 1987.

WUNSCH FILHO, V. *Variações e Tendências na Morbimortalidade dos Trabalhadores.* In: Velhos e Novos Males da Saúde no Brasil: a evolução do país e de suas doenças. 2ª ed., São Paulo: Hucitec, Nupens/USP, 2000.

Obras consultadas e não citadas no texto

ATLAS. *Segurança e Medicina do Trabalho.* 53ª ed., São Paulo: Atlas, 2003.

BECKETT, W. Occupational Respiratory Diseases. *New England Journal of Medicine*, vol. 342, n. 6, pp. 406-413, 2000.

BERTOLLINI, R. et al. *Environmental Epidemiology: Exposure and Disease.* Boca Raton, FL: Lewis Publishers, 1993.

BIDDLE, J. *et al.* What Percentage of Workers With Work-Related Illnesses Receive Workers' Compensation Benefits? *Journal of Occupational and Environmental Medicine*, vol. 40, n. 4, pp. 325-331, 1998.

BURDORF, A.; VAN TONGEREN, M. Commentary: Variability in Workplace Exposures and the Design of Efficient Measurement and Control Strategies. *Annals of Occupational Hygiene*, vol. 4, n. 2, pp. 95-99, 2003.

BURGESS, WA. *Identificação de Possíveis Riscos à Saúde do Trabalhador nos diversos processos industriais.* Belo Horizonte: Ergo Editora, 1997.

CARRION, V. *Comentários à Consolidação das Leis do Trabalho.* 28ª ed., São Paulo: Saraiva, 2003.

DEJOURS, C.; ABDOUCHELI, E.; JAYET, C. *Psicodinâmica do Trabalho.* São Paulo: Atlas, 1994.

DELLA GIUSTINA, TBA *et al.* Guia das Doenças Ocupacionais Otorrinolaringológicas. *Revista Brasileira de Otorrinolaringologia* (Caderno de Debates: Encarte, pp. 1-24), vol. 69, n. 1, 2003.

FERREIRA, MAF.; VALENZUELA, MCI. Estudos Tecnológicos UNISINOS: Estudo Epidemiológico dos Acidentes do Trabalho em Porto Alegre, RS, Ano 1991. São Leopoldo: Editora UNISINOS, 1998.

FISHBEIN, I. Exposure from occupational versus other sources. *Scand J Work Environ Health*, vol.18, supl. 1, pp. 5-16, 1992.

GERBERDING, JL. Occupational Exposure to HIV in Health Care Settings. *New England Journal of Medicine*, vol. 348, n. 9, pp. 826-833, 2003.

HEGE, I. *et al.* Web-based training in occupational medicine. *Int Arch Occup Environ Health*, vol. 76, n. 1, pp. 50-54, 2003.

HULLEY, SB *et al. Delineando a Pesquisa Clínica: Uma abordagem epidemiológica.* 2ª ed., Porto Alegre: Artmed® Editora, 2003.

LANG, RS.; ISAACSON, JH. *Clínicas Médicas da América do Norte*, Screening, vol. 83, n. 6, 1999.

MENDES, JM.; OLIVEIRA, PAB. *Acidentes de trabalho: violência urbana e morte em Porto Alegre/RS.* Cadernos de Saúde Pública, Rio de Janeiro, ENSP/FIOCRUZ, 1997.

MERLO, ARC. *A Informática no Brasil: Prazer e Sofrimento no Trabalho.* Porto Alegre: Editora da Universidade/UFRGS, 1999.

PLUNKETT, ER. *Occupational Disease: a Syllabus of Signs and Symptoms.* USA: Barrett Book Co., 1977.

RIIHIMAKI, H. Low-back pain, its origin and risk indicators. *Scand J Work Environ Health*, vol. 17, pp. 81-90, 1991.

ROCHA, LE.; RIGOTTO, RM.; BUSCHINELLI, JT. (orgs). *Isto é Trabalho de Gente? Vida, doença e trabalho no Brasil.* Petrópolis: Vozes, 1993.

ROSENSTOCK, L. Occupational Medicine: Too Long Neglected. *Annals of Internal Medicine*, vol. 95, n. 6, pp. 774-776, 1981.

SAAD, TLP. *Responsabilidade Civil da Empresa nos Acidentes do Trabalho.* 3ª ed., São Paulo: LTr, 1999.

SALIBA, TM.; SALIBA, SCR. *Legislação de Segurança, Acidente do Trabalho e Saúde do Trabalhador.* 2ª ed., São Paulo: LTr, 2003.

SCHMID, K.; SCHOERNER, C.; DREXLER, H. Occupationally acquired tuberculosis in an administrative assistant: aspects of an expert report. *Deutsche Medizinische Wochenschrift*, vol. 128, n. 9, pp. 432-434, 2003.

SOOD, A.; REDLICH, CA. Pulmonary Function Tests at work. *Clinics in Chest Medicine*, vol. 22, n. 4, pp. 783-793, 2001.

STACEY, NH. *Occupational Toxicology*. London: Taylor & Francis, 1993.

VIDAL, MCR. *Ergonomia na empresa: útil, prática e aplicada*. Rio de Janeiro: Editora Virtual Científica, 2001.

WEEKS, JL.; LEVY, BS.; WAGNER, GR. Preventing Occupational Disease and Injury. *American Public Health Association*, Washington, DC, 1991.